SOS

프랑스어

말하기 첫걸음

왕 초 보 탈 출 프 로 젝 트

송주아·시원스쿨프랑스어연구소 지음 | 이은미 그림

3

S 시원스쿨닷컴

시원스쿨 SOS 프랑스어 말하기 첫걸음

왕초보 탈출 프로젝트 3탄

초판 4쇄 발행 2023년 3월 3일

지은이 송주아, 시원스쿨프랑스어연구소
펴낸곳 (주)에스제이더블유인터내셔널
펴낸이 양홍걸 이시원

홈페이지 www.siwonschool.com
주소 서울시 영등포구 국회대로74길 12 시원스쿨
교재 구입 문의 02)2014-8151
고객센터 02)6409-0878

ISBN 979-11-6150-474-2
Number 1-520606-17171799-04

머리말

Bonjour !
여러분 안녕하세요!

시원스쿨 프랑스어 대표강사 Clara입니다.

프랑스어의 '프' 자도 모르지만 프랑스어로 '말' 하고 싶으신가요?
〈SOS 프랑스어 말하기 첫걸음〉 이라면 가능합니다!

어눌한 인사말이 제가 구사할 수 있는 프랑스어의 전부였던 시절, 프랑스 유학길에 오르던 그날을 돌이켜 봅니다. 낯선 발음 체계를 익혀야 했던 번거로움, 까다로운 문법 때문에 골머리를 앓던 날들이 새록새록 떠오릅니다. 하지만 그 고된 시간 끝에 프랑스어에 숨겨진 아름다운 운율, 그 언어가 가진 섬세함 등 프랑스어의 진정한 매력을 알게 되었고, 비로소 프랑스어를 사랑하게 되었습니다.

이 책은 프랑스어를 처음 접하는 분들이 자주 겪는 어려움을 해결해 주는 '친절한 학습서'입니다. 입문자들이 가장 두려워하는 '까다로운 문법은 최소화'하고, 이해를 돕는 '눈높이 설명을 대폭 추가'하여 기초 지식이 없는 분들도 쉽게 배울 수 있습니다. 프랑스어로 '말'을 하고 싶은 분들, 프랑스어를 배우고 싶지만 어떻게 시작해야 할지 몰라 고민만 하던 분들, 틀에 박힌 문법 위주의 도서를 꺼리는 분들, 프랑스어를 즐겁게 배우고 싶은 분들, 이 모든 분들의 니즈를 동시에 충족할 수 있는 책이 바로 〈SOS 프랑스어 말하기 첫걸음〉입니다.

마라톤 선수가 풀코스를 완주하기 위해서 충분한 준비 기간이 필요한 것처럼, 프랑스어도 마찬가지로 기본기를 탄탄하게 다져야 마스터하기 쉽습니다. 〈SOS 프랑스어 말하기 첫걸음〉은 본문을 효과적으로 이해하기 위한 밑거름인 '준비강의'로 그 스타트를 끊습니다. 또한 매 과마다 '지난 시간 떠올리기'를 통해 앞서 배운 내용을 반복함으로써 완벽하게 나의 것으로 만들 뿐 아니라, 새롭게 배우는 내용을 보다 능률적으로 습득하는 플러스 효과까지 기대할 수 있습니다. 더 나아가, 배운 내용을 제대로 기억하는지 확실하게 체크할 수 있도록 다양한 유형의 '연습 문제'도 제공합니다. 이 책의 핵심인 '말하기 강화'를 위해 '대화로 말해 보기' 코너에서는 본문의 핵심 문장으로 구성한 대화를 따라 읽으면서 실생활에서 사용 가능한 회화까지 자연스럽게 익힐 수 있습니다. 프랑스어 발음과 여러 가지 표현을 알려주는 '클라라 선생님의 꿀팁' 코너를 제공하고, 프랑스 문화를 자세히 소개하는 '문화 탐방'으로 매 과가 마무리됩니다.

이 책을 통해 여러분이 프랑스어를 배우는 데에만 그치지 않고, 그 나라가 향유하는 문화까지 알고 이해할 수 있기를, 더 나아가 프랑스의 매력을 하나씩 발견해 나갈 수 있기를 기대합니다.

여러분이 자신 있게 프랑스어로 말하는 그날까지, 저를 믿고 따라오세요!
Vouloir, C'est Pouvoir !

저자 Clara

SOS 프랑스어 말하기 첫걸음

학습 목차

구성과 활용 방법

ÉTAPE 01 지난 시간 떠올리기

전 시간에 배운 내용을 복습하는 코너입니다. 배운 내용들을 한 번 더 상기하면서 완벽하게 내 것으로 만들어 보세요.

오늘의 미션

과별로 1~2개의 핵심 문장을 한국어로 제공하여 궁금증을 유발합니다. 같이 제시되는 숫자도 차근차근 익혀 보세요.

학습 목표

해당 과에서 배울 내용을 미리 살펴보고, 전체적인 학습의 얼개를 파악할 수 있습니다. 학습 목표를 보고 어떤 내용을 배울지 미리 머릿속에 그려 보세요.

학습 단어

본문에 등장하는 단어들을 한국어 독음, 품사 표시와 함께 제시합니다. 성별에 주의하며 단어를 살펴보세요.

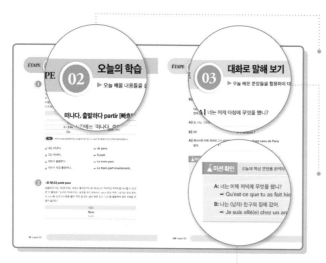

ÉTAPE 02 오늘의 학습

핵심 내용을 학습합니다. 꼭 필요한 문법 요소를 배운 후, 입이 기억할 수 있도록 큰 소리로 여러 번 읽어 보세요.

ÉTAPE 03 대화로 말해 보기

배운 내용을 바탕으로 대화문을 구성하였습니다. 친구와 함께 대화하는 연습을 하면서 학습한 내용을 여러 번 활용해 보세요.

미션 확인

과마다 미션 문장을 프랑스어로 제시하여, 꼭 알고 넘어가야 할 문장을 짚어 줍니다. 반드시 외워서 머릿속에 차곡차곡 쌓아 보세요.

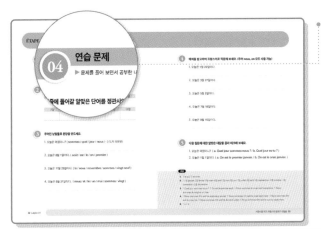

ÉTAPE 04 연습 문제

주어진 낱말로 문장 만들기, 적절한 대답 연결하기, 단어 배열하여 문장 만들기 등 다양한 유형의 문제를 제공합니다. 틀린 문제를 중심으로 보완할 점을 파악하여 프랑스어를 완벽하게 마스터해 보세요.

ÉTAPE 05 표현 더하기

활용도 높은 짧은 문장들을 뉘앙스와 함께 제시합니다. '이따 봐', '정말?' 등 평상시에 자주 사용하는 말들을 하나씩 익혀서 실생활에 직접 써 보세요.

클라라 선생님의 꿀팁

본문과 관련된 여러 가지 단어나 표현들을 알려 주고, 그 활용법도 자세하게 설명합니다. 본문에서 학습했던 내용과 더불어 +a 지식까지 쌓아 보세요.

문화 탐방

프랑스의 유명 관광지, 예술, 결혼 관습 등 문화 전반과 관련된 다양한 내용을 담아 읽을거리를 제공합니다. 재미있는 글과 함께 프랑스 문화에 한 발짝 다가가 보세요.

십자말풀이

복습 과마다 학습했던 단어를 활용한 십자말풀이를 제공합니다. 배운 단어를 떠올리며 재미있게 문제를 풀어 보세요.

*십자말풀이는 1~3탄 시리즈 중 1탄과 3탄에 제공됩니다.

학습 플랜

프랑스어를 차근차근 배우고 싶은 분들을 위한 두 달 완성 플랜입니다. 두 달 동안 꾸준히 시간을 투자하면서 천천히, 꼼꼼하게 학습해 보세요. 공부한 횟수를 체크하면서 여러 번 반복 학습하면 더 좋습니다.

START!
1개월차

GOAL!
1개월

월	화	수	목	금
준비강의 1, 2 ☐ ☐ ☐	준비강의 3, 4 ☐ ☐ ☐	준비강의 5, 6 ☐ ☐ ☐	PARTE 01 1강 ☐ ☐ ☐	PARTE 01 2강 ☐ ☐ ☐
PARTE 01 1~2강 복습 ☐ ☐ ☐	PARTE 02 3강 ☐ ☐ ☐	PARTE 02 4강 ☐ ☐ ☐	PARTE 02 3~4강 복습 ☐ ☐ ☐	PARTE 03 5강 ☐ ☐ ☐
PARTE 03 6강 ☐ ☐ ☐	PARTE 03 5~6강 복습 ☐ ☐ ☐	PARTE 03 7강 ☐ ☐ ☐	PARTE 03 8강 ☐ ☐ ☐	PARTE 03 7~8강 복습 ☐ ☐ ☐
PARTE 04 9강 ☐ ☐ ☐	PARTE 04 10강 ☐ ☐ ☐	PARTE 04 11강 ☐ ☐ ☐	PARTE 04 12강 ☐ ☐ ☐	PARTE 04 9~12강 복습 ☐ ☐ ☐

나만의 1개월 목표를 세워 보세요!

월	화	수	목	금
PARTE 05 13강	PARTE 05 14강	PARTE 05 13~14강 복습	PARTE 06 15강 복습	PARTE 06 16강
☐☐☐	☐☐☐	☐☐☐	☐☐☐	☐☐☐
PARTE 06 17강	PARTE 06 15~17강 복습	PARTE 07 18강	PARTE 07 19강	PARTE 07 18~19강 복습
☐☐☐	☐☐☐	☐☐☐	☐☐☐	☐☐☐
PARTE 07 20강	PARTE 07 21강	PARTE 07 22강	PARTE 07 20~22강 복습	PARTE 08 23강
☐☐☐	☐☐☐	☐☐☐	☐☐☐	☐☐☐
PARTE 08 24강	PARTE 08 25강	PARTE 08 23~25강 복습	1~12강 최종 복습	13~25강 최종 복습
☐☐☐	☐☐☐	☐☐☐	☐☐☐	☐☐☐

나만의 2개월 목표를 세워 보세요!

다양한 E 발음/유음 H

Pré 01

학습 목표

1. 프랑스어 알파벳 E의 다양한 발음 연습하기
2. 예시를 통한 유음 H 학습하기

여러분 반갑습니다!

<SOS 프랑스어 말하기 첫걸음> 시리즈의 마지막 3탄이 시작되었습니다! 이번 시간부터는 여러분이 지금까지 차곡차곡 쌓아 온 프랑스어 기초에 조금 더 자세하고 실용적인 프랑스어 지식들을 더해 나갈 예정입니다. 여섯 차례의 준비강의 중 첫 번째 준비강의는 다양한 E 발음으로 시작하려고 해요. 예시를 통해 함께 살펴볼까요?

 다양한 E 발음

E [으]	le [르] petit [쁘띠] demain [드망]
E [에] 2개 이상의 연속된 자음 앞에 있을 때	sept [쎄뜨] belle [벨] estomac [에스또마]

> **Tip** sept의 p와 estomac의 마지막 자음은 발음되지 않습니다.

E [에] 단어가 e+자음으로 끝날 때	parler [빠흘레] ballet [발레] et [에]
É [에]	étudiant [에뛰디엉] café [까페]
È [에]	père [뻬흐] mère [메흐]

Ê [에]	être [에트흐] forêt [포헤]
Ë [에]	Noël [노엘]

 ## 유음 H

이번에는 유음 H에 대해 알아보도록 해요. 프랑스어의 H는 음가가 있는 H와 음가가 없는 무음 H로 나뉜답니다. 무음 H는 음가가 인정되지 않는, 비어 있는 알파벳이기 때문에 모음처럼 생각하면 쉬워요. 그래서 정관사 le, la, les와 만나는 경우 축약이 일어나거나 연음을 합니다. 반면 유음 H는 음가가 인정되기 때문에 여느 자음들처럼 축약이나 연음을 하지 않는답니다. 유음 H의 경우 사전에 †H로 표기되니 참고해 주세요!

> **유음 H의 발음 특징**
> 1. 음가가 있는 H ↔ 무음 H
> 2. 축약과 연음을 하지 않음
> 3. 사전에서 유음 H는 †H로 표기

H [ㅇ]	l'homme [롬므] l'heure [뢰흐] les hommes [레좀므]
†H [ㅇ]	le héros [르 에호] la honte [라 옹뜨] les héros [레 에호]

도치 의문문/QUEL을 활용한 의문문

Pré 02

학습 목표

1. 도치 의문문 학습하기
2. 의문 형용사 QUEL을 활용하여 다양한 의문문 만들기

1 의문문 만들기

이번 시간에는 의문문을 만드는 새로운 방법에 대해 알려드리려고 합니다. 1, 2탄에 걸쳐 평서문에 물음표를 붙이고 억양을 높이는 방법과 평서문 앞에 est-ce que를 붙여 의문문을 만드는 방법을 알려드렸는데요. 이번에는 도치 의문문을 다뤄 보겠습니다. 도치 의문문은 주어와 동사를 도치하고 물음표를 붙여서 만드는데요. 이때 주어 동사 사이에 연결부호 '-'가 붙는답니다. 꼭 기억해 주세요!

프랑스어 의문문 만들기

1. 평서문 + ? (억양↗)
2. Est-ce que + 평서문 + ?
3. 동사 - 주어 ?

---

1) 동사 - 주어 ?

 너는 딸이 있다. → Tu as une fille.

너는 딸이 있니? → As-tu une fille ?

당신은 맥주를 좋아합니다. → Vous aimez la bière.

당신은 맥주를 좋아합니까? → Aimez-vous la bière ?

그는 가장 키가 작다. → Il est le plus petit.

그는 가장 키가 작니? → Est-il le plus petit ?

그녀는 가장 키가 작다. → Elle est la plus petite.

그녀는 가장 키가 작니? → Est-elle la plus petite ?

Tip est와 il, elle은 연음해 줍니다.

주의

도치 의문문에서 avoir 동사와 같이 동사의 3인칭 단수 변형 어미가 모음으로 끝나는 경우, 동사와 주어 사이의 모음 충돌을 막기 위해 중간에 '-t-'가 추가됩니다. 함께 읽어 볼까요?

그는 아들이 있다. → Il a un fils.

✔ 그는 아들이 있니? → A-t-il un fils ?

✔ 그녀는 딸이 있다. → Elle a une fille.

✔ 그녀는 딸이 있니? → A-t-elle une fille ?

2 QUEL을 활용한 의문문

이번에는 의문 형용사 quel을 활용한 의문문에 대해 더 알아보려고 해요. 지금까지 우리가 배웠던 quel을 활용한 의문문은 평서문 마지막에 'quel+명사'를 붙이는 것이었는데요. 'quel+명사'가 문두에 오면 주어와 동사가 도치됩니다. 도치 의문문과 의문 형용사 quel을 활용하여 다양한 질문을 만들어 봅시다.

quel [껠]	quelle [껠]
quels [껠]	quelles [껠]

✔ 너는 몇 살이니? → Tu as quel âge ? (Quel âge as-tu ?)

✔ 너는 어떤 운동을 좋아하니? → Tu aimes quel sport ?
　　　　　　　　　　　　　　　Quel sport aimes-tu ?

✔ 당신은 어떤 음료를 좋아하세요? → Vous aimez quelle boisson ?
　　　　　　　　　　　　　　　　Quelle boisson aimez-vous ?

✔ 당신은 어떤 꽃을 좋아하세요? → Vous aimez quelles fleurs ?
　　　　　　　　　　　　　　　　Quelles fleurs aimez-vous ?

2탄 마지막 강에서 배웠던 'Quel temps fait-il ?(날씨가 어때?)'라는 문장도 도치 의문문이랍니다.

✔ 날씨가 어때? → Quel temps fait-il ?

주의
✔ 그는 어떤 운동을 좋아하니? → Il aime quel sport ?
　　　　　　　　　　　　　　　Quel sport aime-t-il ?

Tip 동사의 3인칭 단수 변형 어미가 모음으로 끝나는 경우, 동사와 주어 사이의 모음 충돌을 막기 위해 '-t-'를 넣어 줍니다.

✔ 그녀는 어떤 음료수를 좋아하니? → Elle aime quelle boisson ?
　　　　　　　　　　　　　　　　Quelle boisson aime-t-elle ?

Pré 03 전치사/강세형 인칭대명사

학습 목표

1. 다양한 전치사를 학습하여 문장에 활용하기
2. 강세형 인칭대명사 학습하기

① 다양한 전치사

세 번째 준비강의 시간에는 다양한 전치사들을 다뤄 볼 예정입니다. 지금까지 우리가 배웠던 전치사들을 한번 더 정리하고, 본 강에서 활용할 새로운 전치사를 학습해 볼까요?

1) à [아]: ~에, ~의(에 속한)

à는 영어의 to와 같으며 '~로, ~에'로 해석되는 전치사입니다. 또한 '~에게 속한'이라는 의미로서 '~의'로 사용되기도 해요. 'être à (사람)'은 '(사람)에게 속한 것이다' 즉, '(사람)의 것이다'로 해석된답니다.

나는 파리에 간다. → Je vais à Paris.

이것은 Clara의 것이다. → C'est à Clara.

2) de [드]: ~에서, ~의

영어의 from과 동일한 전치사 de는 '~로부터, ~에서'라는 뜻을 갖는 동시에 영어의 of에 해당하기도 하므로 '~의'라는 뜻으로도 사용된답니다.

파리에서 런던으로 → De Paris à Londres

이것은 Julie의 강아지이다. → C'est le chien de Julie.

3) pour [뿌흐]: ~을 위해, 위하여

pour는 영어의 for와 같은 의미를 가진 전치사입니다. pour 뒤에는 명사뿐만 아니라 동사원형도 붙일 수 있어요, 뒤에 동사원형이 오는 경우 '(동사원형)하기 위해'로 해석한답니다.

예술을 위한 예술 → L'art pour l'art

이것은 Jean을 위한 것이다. → C'est pour Jean.

4) avec [아베끄]: ~와 함께

영어의 with에 해당하는 전치사로 '~와 함께'로 해석합니다. '(사람)과 함께'도 가능하지만 '(사물)과 함께' 즉, '(사물)로'라는 뜻으로도 해석할 수 있어요. 예를 들어 '나는 포크로 샐러드를 먹는다'라고 한다면 '포크로'는 'avec une fouchette'가 되겠죠?

 Tip fourchette [푸흐셰뜨] n.f. 포크

🐾 나는 Jean과 함께 버스를 탄다.   ➡ Je prends le bus avec Jean.

🐾 그는 그의 아버지와 함께 와인을 마신다.   ➡ Il boit du vin avec son père.

5) chez [셰]: ~의 집에, ~의 사무실, 가게에

chez는 '~의 집에'라는 뜻의 전치사입니다. chez 뒤에 사람이 붙으면 '(사람)의 집에', chez 다음에 직업 명사가 오면 '(직업 명사)의 사무실, (직업 명사)의 가게에'라는 뜻을 지닙니다.

🐾 우리는 Julie의 집에 간다.   ➡ Nous allons chez Julie.

🐾 그들은 치과에 간다.   ➡ Ils vont chez le dentiste.

② 강세형 인칭대명사

이번에는 강세형 인칭대명사를 다뤄 보려고 합니다. 인칭대명사가 주어가 아닌 다른 자리에 올 때 사용하는 것이 바로 강세형 인칭대명사입니다.

나	너	너	너
moi	**toi**	**lui**	**elle**
[무아]	[뚜아]	[뤼]	[엘]

우리	너희 / 당신	그들	그녀들
nous	**vous**	**eux**	**elles**
[누]	[부]	[외]	[엘]

> **강세형 인칭대명사의 쓰임**
>
> 1. 주어를 강조, 대립을 표현할 때 사용   2. et, aussi와 함께 사용
> 3. c'est 다음에 사용   4. 전치사 다음에 사용

1) 주어를 강조, 대립을 표현할 때 사용

강세형 인칭대명사의 가장 대표적인 용법이 '주어를 강조하는 것'인데요. 아래 예문에서는 '나'라는 주어를 강조하기 위해 강세형 인칭대명사 moi가 쓰였습니다. 직역하면 '나, 나는 스무 살이야'지만 이때 moi는 주어를 강조하는 역할만 하기 때문에 따로 해석할 필요가 없답니다.

🐾 너는 몇 살이니?   ➡ Tu as quel âge ?

🐾 나는 스무 살이야.   ➡ Moi, j'ai vingt ans.

👋 너는 프랑스인이고, 나는 한국인이야. ➡ Toi, tu es Français,
                                             moi, je suis Coréen.

> **Tip** 주어를 강조하면서 두 주어를 대립시키는 표현에서도 강세형 인칭대명사를 사용합니다.

2) et, aussi와 함께 사용

et 뒤에, 또는 aussi의 앞에 '나, 너, 그, 그녀' 등을 붙이고 싶다면 강세형 인칭대명사를 사용해 주세요.
주어 인칭대명사는 et나 aussi와 함께 쓰일 수 없답니다.

👋 잘 지내?   ➡ Ça va ?

👋 잘 지내. 너는?   ➡ Ça va. Et toi ?

👋 나는 커피를 매우 좋아해.   ➡ J'adore le café.

👋 나도.   ➡ Moi aussi.

3) c'est 다음에 사용

c'est 다음에 주어를 쓰고 싶을 때, 강세형 인칭대명사를 써 주세요. 주어 인칭대명사는 문장을 구성하기 위해 필수적으로 동사가 뒤따라야 하므로 c'est 뒤에 붙을 수는 없답니다.

👋 누구니 / 누구세요?   ➡ Qui est-ce ?

👋 나야.   ➡ C'est moi.

4) 전치사 다음에 사용

학습한 전치사들을 활용해 볼까요? 전치사 뒤에는 강세형 인칭대명사를 붙여 줘야 한답니다.

👋 이것은 당신을 위한 것이에요.   ➡ C'est pour vous.

👋 (당신에게) 감사해요.   ➡ Merci à vous.

👋 나는 그와 함께 버스를 탄다.   ➡ Je prends le bus avec lui.

👋 우리는 그녀의 집에 간다.   ➡ Nous allons chez elle.

인칭대명사 ON/부정 대명사 QUELQU'UN

Pré 04

학습 목표

1. 주어 인칭대명사 ON의 또 다른 의미 학습하기
2. 부정 대명사 QUELQU'UN 학습하여 활용 문장 만들기

1 인칭대명사 ON

준비 강의 네 번째 시간은 인칭대명사 on과 함께 시작해 보도록 하겠습니다. 지난 2탄에서 인칭대명사 on에 대해 알려드린 적이 있는데요. 주어 nous와 동일한 의미이며, 동사 변화는 3인칭 단수의 형태와 동일하다는 것이었죠? 그런데 on은 '우리'뿐만 아니라 또 다른 뜻이 있답니다. 바로 '일반적인 사람들'이라는 뜻인데요. 지금부터 '일반적인 사람들'이라는 의미로 on이 사용되는 경우를 살펴볼까요?

> **인칭대명사 on의 특징**
>
> 1. On = 우리 (Nous), 사람들 (les gens)
> 2. 동사 변화 3인칭 단수(il, elle) 형태와 동일

1) on (우리) = nous

 우리는 프랑스어를 말한다.
→ On parle français.
　　Nous parlons français.

2) on (사람들) = les gens

on에는 '우리' 외에도 '사람들'이라는 뜻이 있기 때문에 문맥 안에서 그 뜻을 파악해야 합니다. 아래 예문을 같이 살펴볼까요?

프랑스에서, 사람들은 프랑스어를 말한다. → En France, on parle français.

한국에서, 사람들은 밥을 먹는다. → En Corée, on mange du riz.

2 어떤 사람, 누군가 QUELQU'UN [껠깡]

이번에는 영어의 someone에 해당하는 프랑스어 부정 대명사 quelqu'un을 활용하여 문장을 만들어 보겠습니다. '어떤 사람, 누군가를 좋아하다'라고 할 때에는 aimer 동사 뒤 목적어 자리에 '어떤 사람, 누군가'에 해당하는 부정 대명사 quelqu'un만 써 주면 완성이랍니다. 간단하죠?

 어떤 사람, 누군가를 좋아하다 → aimer quelqu'un

✔ 너는 누군가를 좋아하니?	→ Tu aimes quelqu'un ?
✔ 당신을 누군가를 좋아하세요?	→ Vous aimez quelqu'un ?

1) 어떤 사람, 누군가 quelqu'un [껠 꺙] ↔ 아무도 personne [뻬흐쏜느]

quelqu'un을 알려드렸으니 정반대인 '아무도'라는 뜻의 부정 대명사를 알려드리겠습니다. 바로 personne인데요. personne는 '사람'이라는 의미의 여성 명사로도 활용되지만, '아무도'라는 의미의 부정 대명사이기도 하답니다.

2) ne 동사 personne: 아무도 ~하지 않는다

부정 대명사 personne는 항상 ne와 함께 부정문 형태로 쓰이며, '아무도 ~하지 않는다'라는 뜻을 지닙니다. 평소처럼 동사 앞뒤로 ne pas를 붙이면 '~하지 않는다'와 같은 일반 부정문이 되겠죠? '아무도 ~하지 않는다'라는 표현은 'ne 동사 personne'이라는 것, 꼭 기억해 주세요! 지금부터 우리가 배운 내용들을 활용하여 질문과 대답을 만들어 볼까요?

✔ 너는 누군가를 좋아하니?	→ Tu aimes quelqu'un ?
✔ 아니, 나는 아무도 좋아하지 않아.	→ Non, je n'aime personne.

✔ 그는 누군가를 좋아하니?	→ Il aime quelqu'un ?
✔ 아니, 그는 아무도 좋아하지 않아.	→ Non, il n'aime personne.

명령문

학습 목표

1. 다양한 동사를 활용하여 명령문 만들기

① 명령문 만들기

이번 시간에는 명령문 만드는 방법을 알려드릴 텐데요. 우선, 명령문을 사용할 수 있는 인칭을 알아야겠죠? 명령문은 일반적으로 '너 ~해!, 우리 ~하자!, 당신 ~하세요!' 이렇게 'tu(너), nous(우리), vous(당신)'에 해당하는 인칭에 사용합니다. 명령문을 만드는 기본 방법은 평서문에서 주어를 삭제하고 마지막에 느낌표를 찍어 주는 거예요. 아주 간단하죠? 먼저 1군 동사를 활용하여 명령문을 만들어 봅시다.

1) 명령문 사용 인칭

너 tu	우리 nous	당신 vous
~해!	~하자!	~하세요!

2) 명령문 만드는 법: 평서문에서 주어 삭제 + !

❶ 명령문에서의 1군 동사 어미 변형 (-er)

1군 동사의 경우, 주어가 tu일 때만 동사 어미 -es에서 s를 삭제한답니다. 나머지 인칭의 동사 어미에서는 변화가 일어나지 않아요. 그럼 평서문에서 주어를 삭제하고 느낌표만 붙여 주면 명령문이 완성되겠죠? 1군 동사의 명령문을 함께 만들어 볼까요?

tu	nous	vous
-e	-ons	-ez

❷ 명령문 만들기 - 1군 동사

너는 프랑스어를 공부한다.	➡ Tu étudies le français.
프랑스어를 공부해!	➡ Étudie le français !

우리는 샐러드를 먹는다.	➡ Nous mangeons de la salade.
샐러드를 먹자!	➡ Mangeons de la salade !

🐾 당신은 프랑스어를 말합니다. ➡ Vous parlez français.

🐾 프랑스어를 말하세요! ➡ Parlez français !

❸ 2군 동사 어미 변형 (-ir)

2군 동사는 명령문에서 동사의 어미 변형이 일어나지 않기 때문에 2군 동사가 쓰인 평서문에서 주어만 삭제하고 느낌표만 붙여 주면 명령문이 완성됩니다.

tu	nous	vous
-is	-issons	-issez

❹ 명령문 만들기 - 2군 동사

🐾 너는 (너의) 숙제를 끝낸다. ➡ Tu finis tes devoirs.

🐾 (너의) 숙제를 끝내! ➡ Finis tes devoirs !

🐾 우리는 (우리의) 식사를 끝낸다. ➡ Nous finissons notre repas.

🐾 (우리의) 식사를 끝내자! ➡ Finissons notre repas !

🐾 당신은 (당신의) 일을 끝냅니다. ➡ Vous finissez votre travail.

🐾 (당신의) 일을 끝내세요! ➡ Finissez votre travail !

❺ 3군 동사 – prendre

3군 동사들은 모두 불규칙이기 때문에 특정한 어미 변형 규칙을 제시하는 것이 불가능합니다. 게다가 être, pouvoir, vouloir 동사들은 명령문에서 어미뿐만 아니라 동사의 형태 자체가 바뀐답니다. 그래서 이번에는 우리가 배웠던 3군 불규칙 동사들 중에서 형태가 변하지 않는 prendre를 활용하여 명령문을 만들어 보도록 하겠습니다. 평서문에서 주어만 삭제하고 느낌표만 붙여 주면 되겠죠?

tu	nous	vous
prends	**prenons**	**prenez**

✔ 너는 버스를 탄다. ➡ Tu prends le bus.

✔ 버스를 타! ➡ Prends le bus !

✔ 우리는 지하철을 탄다. ➡ Nous prenons le métro.

✔ 지하철을 타자! ➡ Prenons le métro !

✔ 당신은 기차를 탑니다. ➡ Vous prenez le train.

✔ 기차를 타세요! ➡ Prenez le train !

주의 **3군 동사 - aller**

명령문에서 주의를 기울여야 할 aller 동사를 잠깐 살펴보고 넘어갑시다. 명령문일 때 3군 불규칙 aller 동사도 tu 인칭 시 예외적으로 동사 변형 어미에서 s를 삭제해야 한답니다. 나머지 인칭들의 동사 변형 어미는 변화가 없어요. 자, 그럼 마지막으로 aller 동사를 활용한 명령문을 함께 만들어 볼까요?

tu	nous	vous
va	**allons**	**allez**

✔ 너는 학교에 간다. ➡ Tu vas à l'école.

✔ 학교에 가! ➡ Va à l'école !

✔ 우리는 카페에 간다. ➡ Nous allons au café.

✔ 카페에 가자! ➡ Allons au café !

✔ 당신은 은행에 갑니다. ➡ Vous allez à la banque.

✔ 은행에 가세요! ➡ Allez à la banque !

중성 대명사 EN

Pré 06

학습 목표

1. 중성 대명사 EN을 활용한 예문 복습하기
2. 중성 대명사 EN을 사용하여 수량 표현하기

중성 대명사 EN

드디어 마지막 준비강의 시간입니다! 이번 시간에는 2탄에서 다뤘던 중성 대명사 en에 대해 더 자세하게 알아보려고 해요. 기본적으로 중성 대명사 en은 '부분관사+명사'를 대체하지만, '부정관사+명사'도 대체할 수 있답니다. 예문을 통해 '부분관사+명사'를 en으로 대체하는 연습을 하면서 기억을 되살려 볼까요? 부정문에서 ne와 en의 모음 충돌에 유의해 주세요!

> **중성 대명사 en의 특징**
>
> 1. '부분관사+명사' 또는 '부정관사+명사'를 대체하는 대명사, '그것을'로 해석
> 2. 기본 규칙: 동사 앞에 위치
>   ex) du fromage, de la viande ▶ en,   un fils, une fille ▶ en

1) 중성 대명사 en: 부분관사 + 명사

'먹다, 마시다' 등을 뜻하는 prendre, manger, boire 동사 뒤에 음식 명사가 붙는 경우, 대부분 '부분관사+명사'를 사용하기 때문에 중성 대명사 en으로 대체할 수 있습니다. 함께 문장을 만들어 볼까요?

나는 치즈를 먹는다.	→ Je prends du fromage.
나는 그것을 먹는다.	→ J'en prends.
나는 그것을 먹지 않는다.	→ Je n'en prends pas.

Tip 부정문에서 '대명사+동사' 앞뒤로 ne pas를 붙여 줍니다.

나는 고기를 먹는다.	→ Je mange de la viande.
나는 그것을 먹는다.	→ J'en mange.
나는 그것을 먹지 않는다.	→ Je n'en mange pas.
우리는 우유를 마신다.	→ On boit du lait.
우리는 그것을 마신다.	→ On en boit.
우리는 그것을 마시지 않는다.	→ On n'en boit pas.

2) 중성 대명사 en: 부정관사 + 명사

'부정관사+명사'도 마찬가지로 중성 대명사 en으로 대체할 수 있다고 말씀드렸었죠? 아래 예문들의 경우에는 '아들, 딸'이 중성 대명사 en으로 대체됩니다.

🐾 나는 아들이 있다.	→ J'ai un fils.
🐾 나는 그것이 있다.	→ J'en ai.
🐾 나는 딸이 있다.	→ J'ai une fille.
🐾 나는 그것이 있다.	→ J'en ai.

② 중성 대명사 en + 수량 표현

avoir 동사가 쓰인 평서문에서 중성 대명사 en이 함께 사용되는 경우, 뒤에 숫자를 붙여서 수량을 표현할 수 있는데요. 이때, 숫자 1일 때에만 중성 대명사 en이 받는 목적어의 성에 따라 un과 une로 나뉩니다. 나머지 숫자들은 deux, trois, quatre, cinq, six…로 그대로 사용하면 돼요. 연습해 볼까요?

🐾 너는 아들이 있니?	→ As-tu un fils ?
🐾 응, 나는 아들이 있어.	→ Oui, j'ai un fils.
🐾 응, 나는 (아들이) 한 명 있어.	→ Oui, j'en ai un.
🐾 응, 나는 (아들이) 두 명 있어.	→ Oui, j'en ai deux.
🐾 너는 딸이 있니?	→ As-tu une fille ?
🐾 응, 나는 딸이 있어.	→ Oui, j'ai une fille.
🐾 응, 나는 (딸이) 한 명 있어.	→ Oui, j'en ai une.
🐾 응, 나는 (딸이) 두 명 있어.	→ Oui, j'en ai deux.

오늘은 1월 1일입니다.

학습 목표 날짜 말하기 / faire 동사 활용하여 말하기

Nous sommes le premier janvier.

Leçon
01

Nous sommes le premier janvier.

오늘은 1월 1일입니다.

학습 |
목표

• '오늘은 ~월 ~이다' 날짜 표현 학습하기

학습 |
단어

janvier [정비에] n.m. 1월 | **février** [페브히에] n.m. 2월 | **mars** [막스] n.m. 3월 |
avril [아브힐] n.m. 4월 | **mai** [메] n.m. 5월 | **juin** [쥐앙] n.m. 6월 | **juillet** [쥐이예]
n.m. 7월 | **août** [우뜨] n.m. 8월 | **septembre** [쎕떵브흐] n.m. 9월 | **octobre** [옥또
브흐] n.m. 10월 | **novembre** [노벙브흐] n.m. 11월 | **décembre** [데썽브흐] n.m. 12
월 | **bon courage** [봉 꾸하쥬] 파이팅

ÉTAPE 지난 시간 떠올리기

▶ 지난 시간 학습했던 내용들을 떠올려 볼까요?

 중성 대명사 en

준비 강의에서 '그것을'을 의미하는 중성 대명사 en과 그 용법에 대해 배웠습니다. en은 '부정관사+명사' 또는 '부분관사+명사'를 대신하기도 하고, 수량 표현을 위해 쓰이기도 하는 아주 유용한 대명사인데요. 본격적으로 강의를 시작하기 전에, 중성 대명사 en과 관련된 문장들을 복습해 볼까요?

나는 그것을 먹는다.	➡ J'en mange.
우리는 그것을 마신다.	➡ On en boit.
나는 (아들이) 한 명 있다.	➡ J'en ai un.
나는 (딸이) 한 명 있다.	➡ J'en ai une.

오늘의 미션 학습이 끝나면 이 문장을 완벽하게 말할 수 있어요!

A: 오늘은 며칠이니?

B: 오늘은 1월 1일이야.

숫자 **50 cinquante** [쌍껑뜨]

ÉTAPE 02 오늘의 학습

▶ 오늘 배울 내용들을 살펴보고, 머릿속에 차곡차곡 담아 볼까요?

오늘은 ~일이다: Nous sommes + le 숫자

프랑스어를 어느 정도 구사할 수 있는 분들이라면 날짜 표현도 할 수 있어야겠죠? 우리가 학습
했던 1에서 31까지의 숫자와 être 동사를 활용하면 날짜 표현을 만들 수 있는데요. '오늘은 ~일
이다'라고 말할 때에는 주어 인칭대명사 중에서 1인칭 복수인 nous, 그리고 nous와 동일한 의
미를 지닌 주어 on을 활용한답니다. nous와 on은 '우리'를 뜻하기도 하지만 뒤에 날짜가 오면 '오
늘은 ~일이다'를 뜻하기도 해요. '~일'이라고 할 때에는 숫자 앞에 정관사 le만 붙여 주면 된답
니다. 다만, 날짜를 표현할 때 한 가지 주의해야 할 숫자, 바로 '1'이 있습니다. '1일이다'라고 말
할 때에는 예외적으로 서수를 사용해야 하기 때문인데요. 이러한 내용들을 숙지하면서 '1일부
터 31일까지'를 천천히 익혀 봅시다.

1) ~일: le 숫자

1일	le premier [르 프흐미에]
2일	le deux
10일	le dix

14일	le quatorze
16일	le seize
20일	le vingt

21일	le vingt et un
28일	le vingt-huit
31일	le trente et un

✓ 오늘은 1일이다.	➡	Nous sommes le premier.
✓ 오늘은 14일이다.	➡	Nous sommes le quatorze.
✓ 오늘은 20일이다.	➡	Nous sommes le vingt. On est le vingt.
✓ 오늘은 31일이다.	➡	On est le trente et un.

Tip 주어 nous와 동일한 뜻인 on을 활용하여 동일한 표현을 할 수 있습니다. Nous somme+le 숫자=On est+le 숫자

오늘은 ~월 ~일이다: Nous sommes + le 숫자 + 월

'오늘은 ~일이다'라고 간단하게 얘기할 수도 있지만 '오늘은 ~월 ~일이다'라며 구체적인 월 단위까지 덧붙인다면 날짜를 더 명확하게 표현할 수 있겠죠? 'nous sommes le 숫자' 또는 'on est le 숫자' 뒤에 관사 없이 월만 붙여 주면 '~월'을 나타낼 수 있답니다. 1월부터 12월까지 천천히 읽어 볼까요?

1) 월, 달 le mois [르 무아]

1월	janvier [졍비에]
2월	février [페브히에]
3월	mars [막스]
4월	avril [아브힐]
5월	mai [메]
6월	juin [쥐앙]
7월	juillet [쥐이예]
8월	août [우뜨]
9월	septembre [셉떵브흐]
10월	octobre [옥또브흐]
11월	novembre [노벙브흐]
12월	décembre [데썽브흐]

✔ 오늘은 1월 1일이다. → Nous sommes le premier janvier.

✔ 오늘은 2월 14일이다. → Nous sommes le quatorze février.

✔ 오늘은 3월 16일이다. → Nous sommes le seize mars.

✔ 오늘은 4월 18일이다. → Nous sommes le dix-huit avril.

✔ 오늘은 5월 21일이다. → Nous sommes le vingt et un mai.

✔ 오늘은 6월 28일이다. → Nous sommes le vingt-huit juin.

✔ 오늘은 7월 31일이다. → Nous sommes le trente et un juillet.
On est le trente et un juillet.

✔ 오늘은 8월 2일이다. → On est le deux août.

✔ 오늘은 9월 10일이다. → On est le dix septembre.

✔ 오늘은 10월 11일이다. → On est le onze octobre.

✔ 오늘은 11월 19일이다. → On est le dix-neuf novembre.

✔ 오늘은 12월 25일이다. → On est le vingt-cinq décembre.

2) 날, 날짜, 요일 le jour [르 쥬흐]

이번에는 상대방에게 날짜를 물어봅시다. 날짜를 묻는 3가지 의문문을 알려드릴 텐데요. 의문문을 만들 때에도 마찬가지로 주어 인칭대명사 nous 또는 on을 사용할 수 있답니다. 함께 읽어 볼까요?

✔ 오늘은 며칠이니? → Nous sommes quel jour ?

Quel jour sommes-nous ?

On est le combien ?

Tip 주어 nous, on 모두 사용할 수 있습니다. On est quel jour ?, Nous sommes le combien ?

ÉTAPE 03 대화로 말해 보기

▶ 오늘 배운 문장들을 활용하여 대화를 나눠 봐요!

A┃ 오늘은 며칠이니? → Quel jour sommes-nous ?

B┃ 오늘은 1월 1일이야. → Nous sommes le premier janvier.

A┃ 오늘은 며칠이니? → On est le combien ?

B┃ 오늘은 12월 25일이야. → On est le vingt-cinq décembre.

미션 확인
오늘의 핵심 문장을 완벽하게 외워 봅시다.

A: 오늘은 며칠이니? → Quel jour sommes-nous ?

B: 오늘은 1월 1일이야 → Nous sommes le premier janvier.

ÉTAPE 연습 문제

▶ 문제를 풀어 보면서 공부한 내용들을 완전히 내 것으로 만들어 봐요!

 밑줄에 들어갈 알맞은 단어를 정관사와 함께 써 보세요.

1. ~일, 요일 _____

2. 월, 달 _____

② 다음 표에 들어갈 알맞은 프랑스어를 써 보세요.

1월	2월	3월	4월	5월	6월

7월	8월	9월	10월	11월	12월

③ 주어진 낱말들로 문장을 만드세요.

1. 오늘은 며칠이니? (sommes / quel / jour / nous / -) (도치 의문문)

_____

2. 오늘은 8월 1일이다. (août / est / le / on / premier)

_____

3. 오늘은 11월 29일이다. (le / nous / novembre / sommes / vingt-neuf)

_____

4. 오늘은 5월 21일이다. (nous / et / le / un / mai / sommes / vingt)

_____

해석을 참고하여 프랑스어로 작문해 보세요. (주어 nous, on 모두 사용 가능)

1. 오늘은 1월 22일이다.

_____

2. 오늘은 3월 27일이다.

_____

3. 오늘은 5월 5일이다.

_____

4. 오늘은 7월 19일이다.

_____

5. 오늘은 9월 15일이다.

_____

 다음 질문에 대한 알맞은 대답을 골라 체크해 보세요.

1. 오늘은 며칠이니? (a. Quel jour sommes-nous ? / b. Quel jour es-tu ?)

2. 오늘은 1월 1일이다. (a. On est le premier janvier. / b. On est le onze janvier.)

정답

1 1. le jour 2. le mois

2 1. 1월 janvier 2월 février 3월 mars 4월 avril 5월 mai 6월 juin 7월 juillet 8월 août 9월 septembre 10월 octobre 11월 novembre 12월 décembre

3 1. Quel jour sommes-nous ? 2. On est le premier août. 3. Nous sommes le vingt-neuf novembre. 4. Nous sommes le vingt et un mai.

4 1. Nous sommes (On est) le vingt-deux janvier. 2. Nous sommes (On est) le vingt-sept mars. 3. Nous sommes (On est) le cinq mai. 4. Nous sommes (On est) le dix-neuf juillet. 5. Nous sommes (On est) le quinze septembre.

5 1. a 2. a

표현 더하기

▶ 오늘 배운 내용과 관련된 다양한 표현을 익혀 봐요!

파이팅!(힘내!)
Bon courage ! [봉 꾸하쥬]

courage는 '용기'를 의미하는 남성 명사로, 형용사 bon과 함께 bon courage로 쓰이면 '파이팅' 또는 '힘내'라는 뜻의 응원 표현이 됩니다. 영어의 cheer up과 유사하죠. 또 형용사 없이 명사만 활용한 courage로도 같은 의미의 응원 표현이 가능하답니다. 누구에게나 진심 어린 격려가 필요한 순간들이 있죠. 여러분에게 소중한 누군가가 중요한 시험, 면접을 앞두고 있거나 따뜻한 말 한마디를 기다리고 있는 상황이라면 bon courage 또는 courage라고 응원의 말을 건네 보는 건 어떨까요?

♥ 클라라 선생님의 꿀팁

프랑스어로 요일을 알려드릴게요!

오늘 배운 날짜 표현에 활용할 수 있는 요일 명사들을 알려드릴게요. nous sommes (on est) 뒤에 관사 없이 요일만 써 주면 '오늘은 ~요일이다'라는 표현이 완성된답니다. nous sommes 와 on est는 서로 바꿔 사용해도 된다는 것을 기억하면서 함께 익혀 볼까요?

- **lundi** [랑디] **n.m.** 월요일
- **mardi** [마흐디] **n.m.** 화요일
- **mercredi** [메흐크흐디] **n.m.** 수요일
- **jeudi** [죄디] **n.m.** 목요일
- **vendredi** [벙드흐디] **n.m.** 금요일
- **samedi** [쌈디] **n.m.** 토요일
- **dimanche** [디멍슈] **n.m.** 일요일

▶ **Nous sommes lundi.** 오늘은 월요일이다.
  (= **On est lundi.**)

문화 탐방 | 사계절이 존재하는 프랑스의 기후

기후·날씨

프랑스로 유학, 여행, 출장 등을 계획하고 있는 분들이라면 프랑스에 대한 기본 정보를 꼼꼼하게 알고 가는 것이 중요하죠. 특히 프랑스는 서유럽에서도 지중해와 대서양을 동시에 접하고 있고, 유럽에서 세 번째로 큰 나라이기 때문에 지역에 따라 다양한 기후적 특성을 갖습니다. 프랑스로 떠나기 전 어떤 옷들을 준비해야 하는지 곰곰이 생각해 보려면 전반적인 프랑스의 기후에 대해서도 알아야겠죠?

프랑스도 우리나라처럼 봄, 여름, 가을, 겨울의 사계절을 갖고 있어요. 대체로 3월부터 5월은 봄, 6월부터 8월은 여름, 9월부터 11월은 가을, 그리고 12월부터 2월은 겨울로 구분됩니다. 또한 바다와 산지를 고루 접한다는 지리적 특성 덕분에 지역별로 해양성, 지중해성, 대륙성 기후가 모두 나타난답니다. 영국해협과 대서양 쪽에 위치한 노르망디(Normandie)나 브루타뉴(Bretagne), 누벨아키텐(Nouvelle-Aquitaine)과 페이드라루아르(Pays de la Loire) 지역은 강수량이 많고 대체로 온화한 해양성 기후를 띠는 반면, 중부 고지 내륙 지방은 대륙성 기후를 띠기 때문에 일교차 및 연교차가 심해요. 여름이 짧고 겨울이 춥다는 특징도 있고요. 마지막으로 마르세유(Marseille)나 니스(Nice)와 같이 지중해를 접하는 프랑스 남부 지방은 여름에 비가 적게 내리고 고온 건조하며, 겨울에는 습하고 대체적으로 온난한 지중해성 기후를 띤답니다.

이처럼 프랑스는 한 나라 안에서 다양한 기후를 접할 수 있기 때문에 프랑스인들은 꼭 해외가 아니더라도 국내에서 바캉스를 즐기는 경우가 많아요. 여러분은 프랑스의 어느 지역을 가 보고 싶으신가요?

Leçon

02

Je fais souvent de la guitare.

나는 기타를 자주 칩니다.

학습 | 목표	• FAIRE(하다) 동사의 단수·복수 인칭 학습하기 • FAIRE 동사와 다양한 명사 활용하기

학습 | 단어	**cuisine** [퀴진느] n.f. 요리 | **courses** [꾸흐스] n.f.pl. 구입, 쇼핑 | **yoga** [요갸] n.m. 요가 | **natation** [나따씨옹] n.f. 수영 | **piano** [삐아노] n.m. 피아노 | **guitare** [기따흐] n.f. 기타 | **week-end** [위껜드] n.m. 주말 | **bon week-end** [봉 위껜드] 즐거운 주말 보내

01 지난 시간 떠올리기

▶ 지난 시간 학습했던 내용들을 떠올려 볼까요?

오늘은 ~월 ~일이다: Nous sommes + le 숫자 + 월

지난 시간에는 être 동사와 숫자를 활용하여 날짜를 표현하는 방법을 학습했습니다. '~일이다'라는 표현은 숫자 앞에 정관사 le를 꼭 붙여야 한다는 것, 그리고 1일은 예외적으로 서수인 premier를 쓴다는 것 모두 기억하고 계시죠? 또한 'nous somme le 숫자' 또는 'on est le 숫자' 뒤에 관사 없이 월만 붙여 주면 '오늘은 ~월 ~일이다'라는 표현도 만들 수 있다는 것을 배웠습니다. 확실하게 내 것으로 만들기 위해 다시 한번 복습해 볼까요?

오늘은 1일이다.	➡ Nous sommes le premier.
오늘은 1월 1일이다.	➡ Nous sommes le premier janvier.
오늘은 8월 2일이다.	➡ On est le deux août.
오늘은 12월 25일이다.	➡ On est le vingt-cinq décembre.

🔺오늘의 미션   학습이 끝나면 이 문장을 완벽하게 말할 수 있어요!

A: 당신은 주말에 무엇을 하세요?

B: 나는 기타를 자주 쳐요.

> 숫자 **51 cinquante et un** [쌍껭뜨 앙]

ÉTAPE 02 오늘의 학습

▶ 오늘 배울 내용들을 살펴보고, 머릿속에 차곡차곡 담아 볼까요?

하다 faire [페흐] (단수 인칭 변화)

이번 시간에는 프랑스어에서 가장 많이 쓰이는 동사 중 하나를 알려드리려고 해요. 바로 영어의 to do와 동일한 뜻을 가진 3군 불규칙 동사 'faire(하다)'입니다. 2탄 마지막 수업에서 배웠던 날씨 표현 중 비인칭 구문인 'Il fait ~'에서 등장한 동사가 바로 이 faire 동사인데요. '활용도 별 다섯 개'라고 할 수 있을 정도로 일상 대화에서 자주 쓰이는 동사이므로 친근해질 때까지 반복해서 읽어 주세요. 그럼 단수 인칭 변화부터 살펴보도록 합시다.

주어는	한다
Je	fais [페]
Tu	fais [페]
Il / Elle	fait [페]
On	

~을 하다: faire + 명사

'~을 하다'는 faire 동사 뒤에 명사를 붙여서 표현할 수 있어요. 새로운 명사들을 활용하여 '(명사)를 하다'라는 문장을 만들어 볼까요?

요리	구입, 쇼핑
la cuisine	les courses
[라 뀌진느]	[레 꾸흐스]

🍴 요리를 하다   → faire la cuisine

🍴 장을 보다   → faire les courses

Tip   '쇼핑을 하다'는 faire du shopping으로만 사용합니다.

🍴 나는 요리를 한다.   → Je fais la cuisine.

🍴 너는 요리를 한다.   → Tu fais la cuisine.

✔ 그는 장을 본다. → Il fait les courses.

✔ 그녀는 장을 본다. → Elle fait les courses.

③ 하다 faire [페흐] (복수 인칭 변화)

단수 인칭 변화에 어느 정도 익숙해졌다면 바로 이어서 복수 인칭 변화를 배워 봅시다. faire는 불규칙 동사이므로 변형에 유의하면서 외워 주세요.

주어는	한다
Nous	faisons [프종]
Vous	faites [펫뜨]
Ils / Elles	font [퐁]

> **Tip**   faire 동사 nous 인칭의 경우 예외적으로 ai를 e로 발음합니다.

④ 운동 (종목), 음악(악기)을 하다/연주하다: faire + 부분관사 + 명사

이번에는 '운동을 하다, 음악을 하다'라는 문장을 만들어 볼 텐데요. '운동과 운동 종목을 하다' 또는 '음악과 악기를 연주하다' 등의 표현을 할 때에는 faire 동사 뒤 명사를 부분관사와 함께 사용해야 한답니다. 운동 종목, 악기 관련 새로운 명사를 배우기에 앞서서 전에 학습했던 '운동, 음악' 명사를 활용하여 문장을 만들어 봅시다.

운동	음악
le sport [르 스뽀흐]	la musique [라 뮈지끄]

✔ 운동을 하다 → faire du sport

✔ 음악을 연주하다 → faire de la musique

✔ 우리는 운동을 한다. → Nous faisons du sport.

✔ 당신은 운동을 한다. → Vous faites du sport.

| 그들은 음악을 연주한다. | ➡ Ils font de la musique. |
| 그녀들은 음악을 연주한다. | ➡ Elles font de la musique. |

요가	수영
le yoga	la natation
[르 요갸]	[라 나따씨옹]

| 요가를 하다 | ➡ faire du yoga |
| 수영을 하다 | ➡ faire de la natation |

나는 요가를 한다.	➡ Je fais du yoga.
너는 요가를 하지 않는다.	➡ Tu ne fais pas de yoga.
그는 수영을 한다.	➡ Il fait de la natation.
그녀는 수영을 하지 않는다.	➡ Elle ne fait pas de natation.

Tip 부분관사는 부정문에서 부정의 de로 변합니다.

피아노	기타
le piano	la guitare
[르 삐아노]	[라 기따흐]

| 피아노를 치다 | ➡ faire du piano |
| 기타를 치다 | ➡ faire de la guitare |

Tip faire는 말 그대로 '하다'라는 의미의 동사지만 악기 명사와 함께 쓰이는 경우에는 '연주하다'로 해석할 수 있습니다.

우리는 피아노를 친다.	➡ Nous faisons du piano.
당신은 피아노를 치지 않는다.	➡ Vous ne faites pas de piano.
그들은 기타를 친다.	➡ Ils font de la guitare.
그녀들은 기타를 치지 않는다.	➡ Elles ne font pas de guitare.

오늘 수업을 끝내기 전에 활용도 높은 의문 표현을 알려드리려고 해요. 바로 '너 뭐 하니?'라는 표현인데요. 특히 친근한 사이에서 자주 사용하는 구어적 표현으로는 'tu fais quoi ?'가 있답니다. 나머지 표현들도 함께 배워 볼까요?

 너는 무엇을 하니?　　　　　　　→ Tu fais quoi ?

　　　　　　　　　　　　　　　　　　　Que fais-tu ?

 당신은 무엇을 하세요?　　　　　→ Que faites-vous ?

　　당신은 주말에 무엇을 하세요?　→ Que faites-vous le week-end ?
　　　　　　　　　　　　　　　　　　　　　　　　　　　　　　르　　위껜드

> **Tip**　'주말에'는 전치사 없이 바로 le week-end만 씁니다.

ÉTAPE 03 — 대화로 말해 보기

▶ 오늘 배운 문장들을 활용하여 대화를 나눠 봐요!

A | 너는 무엇을 하니?　　　　　　→ Que fais-tu ?

B | 나는 요가를 해.　　　　　　　→ Je fais du yoga.

　　왜냐하면 나는 운동을 하는 것을 좋아하거든.　Parce que j'aime faire du sport.

A | 당신은 주말에 무엇을 하세요?　→ Que faites-vous le week-end ?

B | 나는 기타를 자주 쳐요.　　　　→ Je fais souvent de la guitare.

> **미션 확인**　오늘의 핵심 문장을 완벽하게 외워 봅시다.
>
> A: 당신은 주말에 무엇을 하세요?　→ Que faites-vous le week-end ?
>
> B: 나는 기타를 자주 쳐요.　　　　→ Je fais souvent de la guitare.

1 **밑줄에 들어갈 알맞은 단어를 정관사와 함께 써 보세요.**

1. 요리

2. 구입, 쇼핑

3. 피아노

4. 기타

2 **주어진 낱말들로 문장을 만드세요.**

1. 우리는 운동을 한다. (du / nous / sport / faisons)

2. 너는 장을 본다. (fais / courses / les / tu)

3. 당신은 요가를 한다. (yoga / faites / vous / du)

4. 그들은 수영을 한다. (de / ils / la / natation/ font)

3 **해석을 참고하여 프랑스어로 작문해 보세요.**

1. 나는 기타를 쳐. 왜냐하면 나는 음악을 연주하는 것을 좋아하거든.

2. 당신은 주말에 무엇을 하세요? (도치 의문문)

3. 나는 수영을 자주 해요. 왜냐하면 나는 운동을 하는 것을 좋아하거든요.

---

4 주어진 명사를 활용하여 문장을 완성해 보세요.

> boxe [복스] n.f. 권투 | violon [비올롱] n.m. 바이올린

1. 나는 권투를 한다.

2. 그녀들은 권투를 하지 않는다.

3. 당신은 바이올린을 켠다.

4. 너는 바이올린을 켜지 않는다.

5 다음 중 알맞은 문장을 골라 체크해 보세요.

1. 너는 주말에 무엇을 하니?
(a. Que fais-tu le week-end ? / b. Tu fais quoi aujourd'hui ?)

2. 당신은 바이올린을 켠다.
(a. Vous faites du piano. / b. Vous faites du violon.)

3. 우리는 장을 본다.
(a. On fait les courses. / b. On fait la cuisine.)

4. 그들은 요가를 한다.
(a. Ils font de la natation. / b. Ils font du yoga.)

정답

1 1. la cuisine 2. les courses 3. le piano 4. la guitare
2 1. Nous faisons du sport. 2. Tu fais les courses. 3. Vous faites du yoga. 4. Ils font de la natation.
3 1. Je fais de la guitare. Parce que j'aime faire de la musique. 2. Que faites-vous le week-end ? 3. Je fais souvent de la natation. Parce que j'aime faire du sport.
4 1. Je fais de la boxe. 2. Elles ne font pas de boxe. 3. Vous faites du violon. 4. Tu ne fais pas de violon.
5 1. a 2. b 3. a 4. b

ÉTAPE 05 표현 더하기

▶ 오늘 배운 내용과 관련된 다양한 표현을 익혀 봐요!

즐거운 주말 보내 !
Bon week-end ! [봉 위껜드]

'bonne journée 좋은 하루 보내'나 'bonne soirée 좋은 저녁 보내'처럼 주말에 해당하는 명사 'week-end' 앞에 형용사 bon을 붙이면 '좋은 주말 보내'라는 표현이 된답니다. '지나다, 통과하다'라는 뜻의 passer 동사와 함께 'passe un bon week-end [빠쓰 앙 봉 위껜드]' 또는 'passez un bon week-end [빠쎄 앙 봉 위껜드]'로 쓰면, 영어의 have a nice weekend와 동일한 표현이 돼요. 금요일 저녁 퇴근할 때나 하교할 때, 직장 동료들이나 학교 친구들에게 건네기 좋은 인사말이죠?

💡 클라라 선생님의 꿀팁

지시 형용사는 어떻게 활용할까요?

'이, 그, 저'를 뜻하는 지시 형용사 **ce, cette, ces**를 기억하시나요? 오늘 우리가 배운 **que faites-vous le week-end**에서 **le week-end**가 뜻하는 것은 특별히 지정된 주말이 아닌 '반복적이고 습관적인 의미로서의 주말', 즉 '일반적인 주말'인데요. **week-end** 앞에 정관사 대신 지시 형용사를 써 주면 '이번 주말'을 의미하게 됩니다. 주말에 해당하는 명사뿐만 아니라 때를 나타내는 명사 앞에 지시 형용사가 붙는 경우에는 현재 또는 현재와 가까운 시간을 지칭하는데요. 예문을 통해 확인해 볼까요?

• **Que faites-vous le week-end** ? 당신은 (일반적인) 주말에 무엇을 하세요?
• **Que faites-vous ce week-end** ? 당신은 이번 주말에 무엇을 하세요?

• **Que faites-vous le soir** ? 당신은 (일반적인) 저녁에 무엇을 하세요?
• **Que faites-vous ce soir** ? 당신은 오늘 저녁에 무엇을 하세요?

문화 탐방 위대한 농민 화가, 밀레의 마을 '바르비종'

이름만 들어도 머릿속에 떠오르는 명화 <이삭 줍는 사람들>, <만종>을 그려 낸 농민 화가 장 프랑수아 밀레(Jean-François Millet, 1814-1875)를 아시나요?

이번 시간에는 밀레뿐 아니라 수많은 화가들의 사랑을 받고 그들 작품의 주 배경이 되었던 일드프랑스(Île-de-France)의 작은 마을에 대해 이야기해 보려 합니다. 바로 화가들의 마을(le village des peintres [르 빌라쥬 데 빵뜨흐])이라 불리는 바르비종(Barbizon [바흐비종])을 소개해 드릴게요.

여러분은 혹시 '바르비종 파'라고 들어 보셨나요? 사실 바르비종은 파리에서 남쪽으로 60km 정도 떨어진 작은 시골 마을에 불과한데요. 산업 혁명을 통해 새로운 도시 문화가 정립되면서, 인위적인 것을 거부하고 자연과 자연 속 민중들의 삶을 화폭에 담아내고자 했던 화가들이 생겼습니다. 바로 이 화가들을 '바르비종 파'라고 부르는데 밀레는 그들 중에서도 핵심적인 화가로 존경받는 인물이었죠.

바르비종을 방문하게 되면 자연의 향기를 듬뿍 머금은 아름다운 풍경과 더불어 수 세기에 걸쳐 같은 자리를 지키고 있는 오래된 가옥들을 만나 볼 수 있습니다. 위대한 농민 화가였던 밀레의 거주지 겸 작업 공간(Maison et Atelier de Jean-François Millet)을 한번 찾아가 보세요. 그가 그린 작품의 주인공이었던 바르비종 주민들의 사진, 그가 사용하던 물건, 동료 작가들의 작품 등을 통해 그의 삶을 간접적으로나마 체험할 수 있을 거예요. 뿐만 아니라 19세기 가난했던 바르비종 파 화가들이 즐겨 찾고 함께 지냈던, 지금은 바르비종 파 미술관(Musée de l'Ecole de Barbizon)으로 탈바꿈한 간느 여인숙(auberge Ganne) 또한 볼 수 있으니, 예술을 좋아하는 분들은 화가들이 사랑했던 이 마을을 한번 방문해 보세요.

Partie 02 나는 니스로 떠납니다.

학습 목표 '나는 떠난다' 말하기

Je pars pour Nice.

Leçon
03

Je pars pour Nice.
나는 니스로 떠납니다.

학습	목표	• PARTIR(떠나다) 동사의 단수·복수 인칭 학습하기
	• 전치사 POUR와 DE 활용하여 목적지와 출발지 말하기

학습 | 단어 **Nice** [니쓰] 니스 | **Lyon** [리옹] 리옹 | **Bordeaux** [보흐도] 보르도 | **c'est parti** [쎄 빠흐띠] 출발!(시작!)

ÉTAPE **01** 지난 시간 떠올리기

▶ 지난 시간 학습했던 내용들을 떠올려 볼까요?

 하다 faire [페흐]

지난 시간에는 '하다'라는 뜻의 3군 불규칙 동사 faire를 학습해 보았습니다. 3인칭 복수 nous일 때 동사 변형에서 ai가 예외적으로 e처럼 발음된다는 점, faire 동사 뒤에 운동 (종목), 음악(악기)가 오면 부분 관사를 사용해 준다는 점들을 떠올리면서 지난 시간에 배운 내용들을 복습해 봅시다.

주어는	한다
Je	fais [페]
Tu	fais [페]
Il / Elle	fait [페]
On	
Nous	faisons [프종]
Vous	faites [펫뜨]
Ils / Elles	font [퐁]

요리를 하다	➡ faire la cuisine
장을 보다	➡ faire les courses
운동을 하다	➡ faire du sport
음악을 연주하다	➡ faire de la musique
요가를 하다	➡ faire du yoga
기타를 치다	➡ faire de la guitare

🔺오늘의 미션 학습이 끝나면 이 문장을 완벽하게 말할 수 있어요!

A: 너는 어디로 떠나니?

B: 나는 니스로 떠나.

🍀 숫자 **52 cinquante-deux** [쌍껑뜨 되]

오늘의 학습

▶ 오늘 배울 내용들을 살펴보고, 머릿속에 차곡차곡 담아 볼까요?

1 떠나다, 출발하다 partir [빠흐띠흐] (단수 인칭 변화)

이번 시간에는 '떠나다, 출발하다'라는 뜻의 3군 불규칙 동사 partir를 배워 볼 텐데요. partir 동사는 보어 없이 주어와 동사만으로도 완벽한 문장이 될 수 있답니다. 즉, 주어와 동사만 활용하여 '나는 떠난다, 우리는 떠난다'와 같은 표현이 가능한 것이죠. 또한 partir 동사 앞에 기차, 버스, 비행기 등 교통수단을 뜻하는 명사가 주어로 오는 경우, '(교통수단이) 출발한다, 떠난다'라는 의미가 됩니다. 지금부터 함께 partir 동사의 단수 인칭 변형부터 배워 볼까요?

주어는	떠난다/출발한다
Je	pars [빠흐]
Tu	pars [빠흐]
Il / Elle	part [빠흐]
On	

> **Tip** 영어의 to leave에 해당하는 3군 불규칙 동사입니다. partir 동사를 빨리 읽으면 [빡띠흐]로 발음됩니다.

 나는 떠난다. → Je pars.

 그는 떠난다. → Il part.

 기차가 출발한다. → Le train part.

 기차가 지금 출발한다. → Le train part maintenant.

2 ~로 떠나다 partir pour

심플하게 '나는 떠난다'라는 표현도 좋지만 어디로 떠나는지 구체적인 목적지를 제시할 수 있다면 더 좋겠죠? '도시로 떠나다'라는 표현을 하기 위해서는 partir 동사 뒤에 '~로'라는 뜻의 전치사 pour를 쓰고 도시명을 붙여 주면 됩니다. 남부 해안 도시 '니스'를 활용하여 함께 문장을 만들어 볼까요?

니스
Nice
[니쓰]

니스로 떠나다	→ partir pour Nice
파리로 떠나다	→ partir pour Paris

나는 니스로 떠난다.	→ Je pars pour Nice.
너는 니스로 떠난다.	→ Tu pars pour Nice.
그는 파리로 떠난다.	→ Il part pour Paris.
그녀는 파리로 떠난다.	→ Elle part pour Paris.

③ 떠나다, 출발하다 partir [빠흐띠흐] (복수 인칭 변화)

이번에는 복수 인칭 변화를 배워 봅시다. r 뒤에 자음이 오면, 빨리 읽을 경우 'ㄱ 받침' 소리가 난다는 것, 기억하시죠? 이 점에 유의하면서 함께 읽어 봅시다.

주어는	떠난다/출발한다
Nous	partons [빠흐똥]
Vous	partez [빠흐떼]
Ils / Elles	partent [빠흐뜨]

Tip 빨리 읽으면 [빡똥], [빡떼], [빡뜨]로 발음됩니다.

④ ~에서 떠나다 partir de

'~에서 떠나다'라는 표현을 하려면 partir 동사 뒤에 영어의 from에 해당하는 '~부터, ~에서'라는 뜻의 전치사 de를 붙이고 도시명만 추가해 주면 된답니다. 추가로 프랑스 도시 두 곳을 더 알려드릴게요. 같이 문장을 만들어 봅시다.

리옹	보르도
Lyon	Bordeaux
[리옹]	[보흐도]

리옹에서 떠나다	→ partir de Lyon
보르도에서 떠나다	→ partir de Bordeaux
우리는 리옹에서 떠난다.	→ Nous partons de Lyon.
당신은 리옹에서 떠난다.	→ Vous partez de Lyon.
그들은 보르도에서 떠난다.	→ Ils partent de Bordeaux.
그녀들은 보르도에서 떠난다.	→ Elles partent de Bordeaux.
너는 어디로 떠나니?	→ Tu pars où ?
당신은 어디로 떠나세요?	→ Vous partez où ?

ÉTAPE 03 대화로 말해 보기

▶ 오늘 배운 문장들을 활용하여 대화를 나눠 봐요!

A	나는 파리에서 떠나.	→ Je pars de Paris.
B	언제? 지금?	→ C'est quand ? Maintenant ?
A	응, 기차가 지금 출발해.	→ Oui, le train part maintenant.
B	너는 어디로 떠나니?	→ Tu pars où ?
A	나는 니스로 떠나.	→ Je pars pour Nice.

🔺미션 확인   오늘의 핵심 문장을 완벽하게 외워 봅시다.

A: 너는 어디로 떠나니?	→ Tu pars où ?
B: 나는 니스로 떠나.	→ Je pars pour Nice.

연습 문제

▶ 문제를 풀어 보면서 공부한 내용들을 완전히 내 것으로 만들어 봐요!

1 밑줄에 들어갈 알맞은 프랑스어를 써 보세요.

1. ~로 떠나다

2. ~에서 떠나다

3. 리옹

4. 보르도

2 주어진 낱말들로 문장을 만드세요.

1. 기차가 지금 출발한다. (maintenant / train / part / le)

2. 그녀들은 보르도에서 떠난다. (de / partent / Bordeaux / elles)

3. 당신은 리옹으로 떠난다. (partez / pour / vous / Lyon)

4. 그는 니스에서 떠난다. (il / de / Nice / part)

3 해석을 참고하여 프랑스어로 작문해 보세요.

1. 너는 어디로 떠나니?

2. 나는 니스로 떠나.

_____

3. 언제? 지금?

_____

4. 응, 기차가 지금 출발해.

_____

 주어진 명사를 활용하여 문장을 만들어 보세요.

| bus [뷔스] n.m. 버스 | avion [아비옹] n.m. 비행기 |

1. 버스가 지금 출발한다. _____

2. 버스가 니스에서 출발한다. _____

3. 비행기가 지금 출발한다. _____

4. 비행기가 파리에서 출발한다. _____

 다음 중 알맞은 문장을 골라 체크해 보세요.

1. 당신은 어디로 떠나세요?
　(a. Vous allez où ? / b. Vous partez où ?)

2. 우리는 파리로 떠난다.
　(a. Nous partons de Paris. / b. Nous partons pour Paris.)

3. 그녀는 니스에서 떠난다.
　(a. Elle part de Nice. / b. Elle part pour Nice.)

4. 비행기가 출발한다.
　(a. L'avion part. / b. L'avion pars.)

6 밑줄에 들어갈 단어를 보기에서 고르세요.

보기	Bordeaux	partent	elle	de

1. _____ part pour Paris.

2. L'avion part de _____ .

3. Ils _____ pour Nice.

4. Le bus part _____ Bordeaux.

7 각 의문문에 알맞은 대답을 연결해 보세요.

1. Elle part où ?   ·

2. Le train part   ·
   maintenant ?

3. Vous partez où ?   ·

4. Ils partent pour   ·
   Paris ?

· a. Oui, le train part
      maintenant.

· b. Nous partons pour
      Bordeaux.

· c. Non, ils partent
      pour Nice.

· d. Elle part pour Lyon.

정답

1 1. partir pour 2. partir de 3. Lyon 4. Bordeaux
2 1. Le train part maintenant. 2. Elles partent de Bordeaux. 3. Vous partez pour Lyon. 4. Il part de Nice.
3 1. Tu pars où ? 2. Je pars pour Nice. 3. C'est quand ? Maintenant ? 4. Oui, le train part maintenant.
4 1. Le bus part maintenant. 2. Le bus part de Nice. 3. L'avion part maintenant. 4. L'avion part de Paris.
5 1. b 2. b 3. a 4. a
6 1. elle 2. Bordeaux 3. partent 4. de
7 1. d 2. a 3. b 4. C

출발!(시작!)
C'est parti ! [쎄 빠흐띠]

parti는 partir 동사의 과거분사로 '떠난, 출발된'이라는 뜻을 지니는데요(과거분사는 형용사 역할을 합니다). 직역하면 '그것은 출발되었다, 떠났다' 즉, '그것은 시작됐다'라는 뜻이에요. 계획해 두었던 일을 시작할 때, 또는 시합을 시작할 때 프랑스어로 c'est parti라고 한답니다.

🔴 클라라 선생님의 꿀팁

'quitter(떠나다) 동사'를 알아볼까요?

이번 강의에서는 프랑스의 여러 도시명과 **partir** 동사, 그리고 전치사 **de**를 활용하여 '니스에서 떠나다, 보르도에서 떠나다' 등의 표현을 만들어 보았는데요. 이번에는 '(장소를) 떠나다' 그리고 '(사람을) 떠나다'의 두 가지 모두로 활용할 수 있는 1군 규칙 동사를 알려드리려고 합니다. 바로 '**quitter**(떠나다) 동사'예요. '**quitter**+도시명'은 '(도시)를 떠나다'라는 의미를 지니고, '**quitter**+사람'은 '(사람)을 떠나다' 즉, 그 사람과 헤어진다는 뜻을 지닙니다. 1군 동사의 어미 변형을 떠올리며 예문을 함께 읽어 볼까요?

- Je quitte Paris.   나는 파리를 떠난다.

- Tu quittes Bordeaux.   너는 보르도를 떠난다.

- Il quitte Clara.   그는 **Clara**를 떠난다.

- Elle quitte Jean.   그녀는 **Jean**을 떠난다.

France

문화 탐방 　　프랑스 남부의 휴양지 '니스'

─ 지역 탐방

이번 시간에는 지중해 연안에 위치한 아름다운 항만 도시 '니스'에 대해 좀 더 자세히 알아보려고 해요.

니스는 프랑스 동남부에 위치하여 이탈리아와 지리적으로 매우 근접해 있습니다. 지리적으로 가까운 만큼, 그 역사를 살펴보면 이탈리아와 깊이 관련되어 있음을 알 수 있는데요. 실제로 19세기 초, 나폴레옹 전쟁의 패배로 이탈리아 북부의 샤르데냐 왕국에 점령당했다가 1860년도에 이탈리아 통일을 도운 대가로 다시 양도받은 곳이 바로 니스랍니다.

연평균 16도로 늘 온화한 날씨를 자랑하는 니스는 프랑스인뿐만 아니라 유럽 주변국 사람들로부터 많은 사랑을 받는 관광지인데요. 지중해를 따라 7km로 길게 뻗어 있는 '영국인 산책로(Promenade des Anglais [프로므나드 데정글레])'가 바로 이 주장을 뒷받침하는 근거 중 하나입니다. 18세기 후반부터 많은 영국인들이 따뜻한 기후를 자랑하는 니스에서 겨울나기를 시작했고, 길을 조성하는 데 많은 돈을 기부했답니다. 그래서 '영국인 산책로'라는 이름이 붙게 되었어요.

니스는 거리에 가득한 야자수와 자갈로 이루어진 해변도 유명하지만, 꽃 시장과 바로크 양식 건축물들이 유명한 니스 구시가지(Vieux-Nice), 마티스 박물관(Musée Matisse), 늘 사람들로 붐비는 마세나 광장(place Massena)도 널리 알려져 있습니다. 그리고 기회가 된다면, 매년 *사순절 전날까지 2주 동안 열리는 화려한 축제인 니스 카니발(Carnaval de Nice)에도 참여해 보시기를 추천드려요!

*사순절: 부활 주일 전 40일 동안의 기간으로, 이 기간 동안 교인들은 광야에서 금식하고 시험받은 그리스도의 수난을 되살리기 위하여 단식과 속죄를 행한다.

Leçon

04

Il faut partir maintenant.

지금 떠나야 합니다.

학습 | 목표	• DEVOIR(해야 한다) 동사의 단수·복수 인칭 학습하기
	• 비인칭 구문 IL FAUT(해야 한다) 활용하기

학습 | 단어	**travailler** [트하바이예] v. 일하다 | **tant pis** [떵 삐] 할 수 없지

ÉTAPE 01 지난 시간 떠올리기

▶ 지난 시간 학습했던 내용들을 떠올려 볼까요?

떠나다, 출발하다 partir [빠흐띠흐]

지난 시간에는 '떠나다, 출발하다'라는 뜻의 3군 동사 partir를 배웠습니다. partir를 빨리 읽으면 '빠띠흐'로 발음된다는 것, 잊지 않으셨죠? 또한 '(도시)로/(도시)에서 떠나다'라는 표현은 partir 뒤에 'pour/de+도시'를 활용하여 만들었습니다. 프랑스의 여러 도시명을 넣어서 마지막으로 복습해 볼까요?

주어는	떠난다/출발한다
Je	pars [빠흐]
Tu	pars [빠흐]
Il / Elle On	part [빠흐]
Nous	partons [빠흐똥]
Vous	partez [빠흐떼]
Ils / Elles	partent [빠흐뜨]

- 니스로 떠나다 → partir pour Nice
- 파리로 떠나다 → partir pour Paris
- 리옹에서 떠나다 → partir de Lyon
- 보르도에서 떠나다 → partir de Bordeaux

🔺오늘의 미션 학습이 끝나면 이 문장을 완벽하게 말할 수 있어요!

A: 나는 무엇을 해야 하나요?

B: 지금 떠나야 해요.

✔ 숫자 53 cinquante-trois [쌍껑뜨 트후아]

ÉTAPE 02

오늘의 학습

▶ 오늘 배울 내용들을 살펴보고, 머릿속에 차곡차곡 담아 볼까요?

 해야 한다 devoir [드부아흐] (단수 인칭 변화)

이번에는 영어의 must에 해당하는 3군 불규칙 동사 devoir를 배워 봅시다. devoir는 '해야 한다'
라는 뜻의 조동사로, 뒤따르는 동사를 보조하는 역할을 합니다. 즉, devoir 동사 뒤에 '먹다, 타
다, 공부하다' 등의 동사가 오면 '먹어야 한다, 타야 한다, 공부해야 한다'와 같은 문장이 완성되
는 것이죠. 지금부터 함께 단수 인칭 변화부터 배워 볼까요?

주어는	해야 한다
Je	dois [두아]
Tu	dois [두아]
Il / Elle	doit [두아]
On	

 Tip 우리가 알고 있는 명사 'devoirs (숙제)'가 바로 devoir 동사로부터 파생되었습니다.

 ~해야 한다: devoir + 동사원형

이제 본격적으로 문장을 만들어 볼 텐데요. devoir 동사 뒤에 '요리를 하다, 장을 보다'를 덧붙여
서 '요리를 해야 한다, 장을 봐야 한다' 등의 의무 표현을 해 봅시다. 한 문장 안에 2개의 동사가
존재하는 경우에는 첫 번째 동사만 주어 인칭에 맞게 변화시킨다는 것, 기억하시죠? 지금부터
문장을 만들어 볼까요?

요리를 해야 한다	➡ devoir faire la cuisine
장을 봐야 한다	➡ devoir faire les courses

나는 요리를 해야 한다.	➡ Je dois faire la cuisine.
너는 요리를 해야 한다.	➡ Tu dois faire la cuisine.
그는 장을 봐야 한다.	➡ Il doit faire les courses.
그녀는 장을 봐야 한다.	➡ Elle doit faire les courses.

해야 한다 devoir [드부아흐] (복수 인칭 변화)

devoir 동사의 복수 인칭 변형을 학습할 차례입니다. 발음에 유의하면서 함께 읽어 봅시다.

주어는	해야 한다
Nous	devons [드봉]
Vous	devez [드베]
Ils / Elles	doivent [두아브]

 ~해야 한다: devoir + 동사원형

새로운 동사를 알려드릴게요. 바로 '일하다'라는 뜻의 1군 규칙 동사인 travailler입니다. travailler 동사는 영어의 to work와 같은 뜻이지만, 상황에 따라 '공부하다'라는 의미로도 쓸 수 있답니다. 만약 학생이 je travaille maintenant라고 한다면 '나는 지금 일해'라고 해석하기보다는 '나는 지금 공부해'라는 의미로 해석할 수 있어요.

일하다
travailler
[트하바이예]

☑ 일해야 한다   → devoir travailler

☑ 떠나야 한다   → devoir partir

☑ 우리는 일해야 한다.   → Nous devons travailler.

☑ 당신은 일해야 한다.   → Vous devez travailler.

☑ 그들은 떠나야 한다.   → Ils doivent partir.

☑ 그녀들은 떠나야 한다.   → Elles doivent partir.

5 ~해야 한다: Il faut + 동사원형

이번에는 '해야 한다'라는 뜻의 비인칭 구문을 알려드리겠습니다. 바로 'il faut ~' 구문인데요. 이 표현에서의 il은 특별한 의미가 없는 비인칭 주어랍니다. faut는 '해야 한다'라는 뜻을 가진 비인칭 동사 falloir의 3인칭 단수 변화에 해당합니다. 비인칭 구문인 만큼 falloir의 동사 변화는 3인칭 단수인 il faut만 존재한다는 점을 기억해 주세요. 그리고 'il faut ~' 구문이 간접목적보어 없이 단독으로 사용되었을 때에는 주어 없이 해석한다는 특징이 있어요. 간접목적보어를 활용하여 행위의 주체를 명시한 경우에는 주어를 해석하는데, 이 점은 본문에서는 다루지 않으므로 참고로만 알아 두세요! 그럼 il faut 뒤에 동사원형을 붙여서 문장을 만들어 볼까요?

✅ 요리를 해야 한다.	➡	Il faut faire la cuisine.
✅ 장을 봐야 한다.	➡	Il faut faire les courses.
✅ 일해야 한다.	➡	Il faut travailler.
✅ 떠나야 한다.	➡	Il faut partir.
✅ 지금 떠나야 한다.	➡	Il faut partir maintenant.

✅ 나는 무엇을 해야 하니?　　　➡ Qu'est-ce que je dois faire ?

 Tip 도치 의문문으로 만들면 Que dois-je faire ?로 표현합니다.

대화로 말해 보기

▶ 오늘 배운 문장들을 활용하여 대화를 나눠 봐요!

A | 장을 봐야 해. ➡ Il faut faire les courses.

B | 왜? ➡ Pourquoi ?

A | 왜냐하면 나는 요리를 해야 하거든. ➡ Parce que je dois faire la cuisine.

A | 나는 무엇을 해야 하나요? ➡ Qu'est-ce que je dois faire ?

B | 당신은 파리로 떠나야 해요. ➡ Vous devez partir pour Paris.

A | 하지만 나는 일해야 해요. ➡ Mais je dois travailler.

B | 안 돼요, 지금 떠나야 해요. ➡ Non, il faut partir maintenant.

🚩 **미션 확인** 오늘의 핵심 문장을 완벽하게 외워 봅시다.

A: 나는 무엇을 해야 하나요? ➡ Qu'est-ce que je dois faire ?

B: 지금 떠나야 해요. ➡ Il faut partir maintenant.

연습 문제

▶ 문제를 풀어 보면서 공부한 내용들을 완전히 내 것으로 만들어 봐요!

1 devoir 동사를 사용하여 밑줄에 들어갈 알맞은 표현을 써 보세요.

1. 요리를 해야 한다

_____

2. 장을 봐야 한다

_____

3. 일해야 한다

_____

4. 떠나야 한다

_____

2 주어진 낱말들로 문장을 만드세요.

1. 나는 무엇을 해야 하니? (faire / qu' / je / est-ce que / dois)

_____

2. 그녀는 일해야 한다. (doit / travailler / elle)

_____

3. 우리는 장을 봐야 한다. (courses / devons / faire / nous / les)

_____

3 해석을 참고하여 프랑스어로 작문해 보세요.

1. 나는 무엇을 해야 하나요?

_____

2. 당신은 파리로 떠나야 해요.

_____

3. 하지만 나는 일해야 해요.

_____

4 주어진 동사를 활용하여 문장을 만들어 보세요.

| dormir [도흐미흐] v. 잠자다 | prendre [프헝드흐] v. 타다 |

1. 버스를 타야 한다.

2. 지금 자야 한다.

3. 너는 버스를 타야 한다.

4. 당신은 지금 자야 한다.

5 다음 중 알맞은 문장을 골라 체크해 보세요.

1. 나는 무엇을 해야 하니?
(a. Qu'est-ce que tu dois faire ? / b. Qu'est-ce que je dois faire ?)

2. 버스를 타야 한다.
(a. Il faut prendre le bus. / b. Tu dois prendre le train.)

3. 당신은 일해야 한다.
(a. Il faut travailler. / b. Vous devez travailler.)

4. 우리는 장을 봐야 한다.
(a. On doit faire les courses. / b. Nous devons faire la cuisine.)

정답

1 1. devoir faire la cuisine 2. devoir faire les courses 3. devoir travailler 4. devoir partir

2 1. Qu'est-ce que je dois faire ? 2. Elle doit travailler. 3. Nous devons faire les courses.

3 1. Qu'est-ce que je dois faire ? 2. Vous devez partir pour Paris. 3. Mais je dois travailler.

4 1. Il faut prendre le bus. 2. Il faut dormir maintenant. 3. Tu dois prendre le bus. 4. Vous devez dormir maintenant.

5 1. b 2. a 3. b 4. a

표현 더하기

05

▶ 오늘 배운 내용과 관련된 다양한 표현을 익혀 봐요!

할 수 없지!
Tant pis ! [떵 삐]

tant pis는 '할 수 없지, 어쩔 수 없지'라는 의미로, 유감을 표현할 때 사용하는 말입니다. 예를 들어 친구에게 함께 영화를 보자고 제안했는데 친구가 이미 선약이 있어 제안을 거절하는 경우 '아쉽지만 어쩔 수 없지'라는 의미로 사용할 수 있겠죠? tant pis 뒤에 '전치사 pour+강세형 인칭대명사'를 추가하여 tant pis pour toi라고 하면 영어의 too bad for you 즉, '너에게 낭패지'라는 의미로 쓰일 수도 있답니다.

💡클라라 선생님의 꿀팁

의문문을 만들어 볼까요?

오늘 수업에서 배웠던 '해야 한다' 동사 devoir와 비인칭 구문인 'il faut ~', 그리고 준비강의에서 학습한 의문사 'que(무엇), comment(어떻게)'을 활용하여 다양한 의문문을 만들어 볼까요?

- 나는 무엇을 해야합니까? ▶ Qu'est-ce que je dois faire ?

- 무엇을 해야 합니까? ▶ Qu'est-ce qu'il faut faire ?

- 어떻게 해야 합니까? ▶ Il faut faire comment ?

- 내가 어떻게 해야 합니까? ▶ Je dois faire comment ?

문화 탐방
프랑스의 대표 테마파크 '디즈니랜드'

지역 탐방

'어린이들의 천국, 꿈과 희망이 가득한 곳'이라고 하면 어떤 장소가 떠오르시나요? 아이들이 좋아해 마지않는 곳, 바로 '테마파크'인데요. 이번에는 프랑스를 대표하는 놀이공원, 디즈니랜드(Disneyland [디즈네렁드])를 소개합니다!

파리에서 32km 떨어진 쉐씨(Chessy)에 위치한 디즈니랜드는 크게 두 구역으로 나뉩니다. 1992년도에 지어진 '디즈니랜드 파크(Parc Disneyland)'와 2002년도에 추가로 지어진 '월트 디즈니 스튜디오 파크(Parc Walt Disney Studios)'가 그것인데요. 디즈니랜드는 한 번에 모든 프로그램을 즐기기에는 규모가 상당하기 때문에 두 파크에 모두 입장 가능한 티켓과 한 곳만 입장할 수 있는 티켓을 구분하여 구매할 수 있어요. 그래서 방문 전에 꼭 체크하시는 게 좋습니다.

아기자기한 볼거리를 원하시나요? 그렇다면 '디즈니랜드 파크'를 먼저 방문해 보세요. 디즈니 애니메이션을 주제로 한 다양한 테마 공간과 디즈니의 상징인 아름다운 성을 만나볼 수 있고, 화려하기로 유명한 퍼레이드가 바로 이 곳에서 진행된답니다. 신나는 디즈니 주제곡에 맞춰 행진하는 디즈니 캐릭터들과 환상적인 불꽃놀이까지 준비되어 있으니 퍼레이드는 절대로 놓치지 말고 관람하시기를 바라요!

'월트 디즈니 스튜디오 파크'도 그냥 지나칠 수 없는 곳인데요. 할리우드 영화 세트장을 재현해 놓은 듯한 화려한 스튜디오는 물론이고, 실내 롤러코스터와 직각으로 '떨어지는 호텔 엘리베이터 등 스릴 넘치는 놀이 기구까지 완비한 장소랍니다.

파리 곳곳에서 출발하는 셔틀버스를 이용하거나 지하철 RER A선을 타고 Marne-la-Vallée 역에서 하차하면 어렵지 않게 디즈니랜드에 갈 수 있으니, 한번 방문해 보세요.

Partie 03

당신은 그녀에게 메시지를 남기고 싶으세요?

학습 목표 직접목적보어 '나를' / 간접목적보어 '나에게' 말하기

Vous voulez lui laisser un message ?

Leçon 05

Elle m'invite au restaurant.

그녀는 나를 레스토랑에 초대합니다.

학습 목표	• INVITER(초대하다) 동사의 단수·복수 인칭 학습하기 • 직접목적보어 인칭대명사 활용하기

학습 단어	**restaurant** [헤스또헝] n.m. 레스토랑 | **soirée** [수아헤] n.f. 파티 | **je t'invite** [쥬 땅 비뜨] 내가 살게

01 지난 시간 떠올리기

▶ 지난 시간 학습했던 내용들을 떠올려 볼까요?

지난 시간에는 의무를 나타내는 방법 두 가지를 배웠는데요. devoir 동사 뒤에 동사원형을 붙여 주는 방법과 비인칭 구문인 il faut 뒤에 동사원형을 붙여 주는 방법이 있었습니다. 특히 'il faut ~' 구문의 경우 비인칭 주어 il을 해석하지 않는다는 특징이 있었죠? 배웠던 표현들을 머릿속에 떠올리면서 함께 읽어 봅시다.

1 해야 한다 devoir [드부아흐]

주어는	해야 한다
Je	dois [두아]
Tu	dois [두아]
Il / Elle On	doit [두아]
Nous	devons [드봉]
Vous	devez [드베]
Ils / Elles	doivent [두아브]

✔ 요리를 해야 한다 ➡ devoir faire la cuisine

✔ 장을 봐야 한다 ➡ devoir faire les courses

✔ 일해야 한다. ➡ Il faut travailler.

✔ 떠나야 한다. ➡ Il faut partir.

오늘의 미션 학습이 끝나면 이 문장을 완벽하게 말할 수 있어요!

A: Julie가 너를 초대하니?

B: 응, 그녀가 나를 레스토랑에 초대해.

✔ 숫자 54 cinquante-quatre [쌍껑뜨 꺄트흐]

▶ 오늘 배울 내용들을 살펴보고, 머릿속에 차곡차곡 담아 볼까요?

1 초대하다 inviter [앙비떼]

프랑스어 표현의 핵심은 직접목적보어와 간접목적보어의 활용에 있다고 할 수 있는데요. 오늘은 먼저 직접목적보어에 대해 알려드리려고 해요. 그 전에, 학습할 표현에 활용할 만한 새로운 동사를 배워 볼까요? '초대하다'라는 뜻을 가진 1군 규칙 동사 inviter입니다. inviter의 단수 인칭과 복수 인칭 변화를 살펴봅시다.

주어는	초대한다
J'	invite [쟝비뜨]
Tu	invites [앙비뜨]
Il / Elle	invite [앙비뜨]
On	
Nous	invitons [앙비똥]
Vous	invitez [앙비떼]
Ils / Elles	invitent [앙비뜨]

2 ~를 초대하다: inviter + 사람

inviter 동사를 익혔으니 누구를 초대하는지, 초대 대상을 명확하게 제시해 주면 좋겠죠? '(사람)을 초대하다'라고 할 때에는 inviter 동사 뒤에 사람 이름만 덧붙여 주면 된답니다. 간단하죠? Julie와 Paul을 초대하는 문장을 함께 만들어 볼까요?

🌿 나는 Julie를 초대한다.　　　　➡ J'invite Julie.

🌿 너는 Paul을 초대한다.　　　　➡ Tu invites Paul.

자, 이제 누구를 초대하는지 구체적으로 말할 수 있게 되었습니다. 그렇다면 그 사람을 어디로 초대하는지, 초대할 장소도 제시해 주면 더 좋겠죠? '~를 ~에 초대하다'는 'inviter+사람' 뒤에 'à+장소 명사'를 붙여 주면 되는데, 이때 장소 명사 앞에는 주로 정관사가 옵니다. 전치사 à와 정관사의 축약에 주의해 주세요!

레스토랑	파티
le restaurant	la soirée
[르 헤스또헝]	[라 수아헤]

그는 Julie를 레스토랑에 초대한다.　　→ Il invite Julie au restaurant.

그녀는 Paul을 파티에 초대한다.　　→ Elle invite Paul à la soirée.

직접목적보어 인칭대명사

드디어 직접목적보어에 대해 알아볼 시간입니다! 직접목적보어 인칭대명사는 말 그대로 사람이나 사물을 대신하는 대명사인데요. 주로 앞서 언급된 사람 또는 사물을 반복하지 않기 위해 사용하며 '~을, ~를'로 해석합니다. '나는 Julie를 초대한다'라는 문장이 있다고 생각해 봅시다. 이 문장에서 직접목적보어로 대체할 수 있는 것은 Julie라는 사람이에요. Julie를 직접목적보어 '그녀를'로 대체하여 '나는 그녀를 초대한다'라고 쓸 수 있답니다. 직접목적보어와 같은 '대명사'는 늘 동사의 앞에 위치한다는 점에 유의하면서 지금부터 자세하게 배워 볼까요?

> **직접목적보어 인칭대명사의 특징**
>
> - 앞서 제시된 사람이나 사물을 대체, 주로 '~을/를'로 해석
> - 동사 앞에 위치 ▶ 주어 + 대명사 + 동사
> - 부정문에서 '대명사 + 동사' 앞뒤로 ne pas ▶ ne 대명사 + 동사 pas

1) 형태

나를	너를	그를	그녀를
me	te	le	la
[므]	[뜨]	[르]	[라]

우리를	너희를/당신을	그들을/그녀들을
nous	vous	les
[누]	[부]	[레]

4 ~를 초대하다: inviter + 사람 ▶ 직접목적보어 + inviter

직접목적보어 인칭대명사의 형태를 완벽하게 익히셨나요? 그렇다면 본격적으로 직접목적보어를 활용한 문장을 만들어 봅시다. 대명사는 늘 동사의 앞에 위치한다고 말씀드렸죠? 모음으로 시작하는 inviter 동사의 앞에 직접목적보어가 올 때, 모음 충돌에 유의해야 하는데요. 특히 'le(그를), la(그녀를)'가 모음이나 무음 h로 시작하는 동사와 충돌하는 경우에는 l'로 그 형태가 동일하게 바뀐다는 점에 주의해 주세요!

m'	nous	
t'	vous	**+ inviter**
l'	les	

나를 초대하다	➡ m'inviter
너를 초대하다	➡ t'inviter
그를/그녀를 초대하다	➡ l'inviter
우리를 초대하다	➡ nous inviter
너희를/당신을 초대하다	➡ vous inviter
그들을/그녀들을 초대하다	➡ les inviter

> **Tip** 직접목적보어와 모음이나 무음h로 시작하는 동사 사이의 모음 축약과 연음에 주의가 필요합니다.

'나는 너를 레스토랑에 초대한다'의 경우, '나는 너를 초대한다 레스토랑에' 순으로 생각하면 문장을 더 쉽게 만들 수 있습니다. 연습해 볼까요?

나는 너를 레스토랑에 초대한다.	➡ Je t'invite au restaurant.
너는 나를 레스토랑에 초대한다.	➡ Tu m'invites au restaurant.
그는 그녀를 레스토랑에 초대한다.	➡ Il l'invite au restaurant.
그녀는 그를 레스토랑에 초대한다.	➡ Elle l'invite au restaurant.

✓ 우리는 그들을 파티에 초대한다. → Nous les invitons à la soirée.

✓ 당신은 그녀들을 파티에 초대한다. → Vous les invitez à la soirée.

✓ 그들은 우리를 파티에 초대한다. → Ils nous invitent à la soirée.

✓ 그녀들은 당신을 파티에 초대한다. → Elles vous invitent à la soirée.

~의 집에 chez

레스토랑이나 파티에 누군가를 초대할 수도 있지만 집으로도 초대할 수 있겠죠? 준비강의에서 배웠던 '~의 집에'라는 뜻의 전치사 chez를 활용하여 집으로 사람들을 초대해 봅시다. 전치사 chez의 뒤에는 강세형 인칭대명사를 사용한다는 점을 꼭 기억해 주세요.

✓ 나의 집에 → chez moi

✓ 너의 집에 → chez toi

✓ 당신의 집에 → chez vous

'나는 너를 초대한다 나의 집에' 순으로 문장을 만들어 봅시다.

✓ 나는 너를 나의 집에 초대한다. → Je t'invite chez moi.

✓ 너는 나를 너의 집에 초대한다. → Tu m'invites chez toi.

✓ 당신은 그녀를 당신의 집에 초대한다. → Vous l'invitez chez vous.

A | 너는 지금 무엇을 하니?　　　　→ Que fais-tu maintenant ?

B | 나는 요리해.　　　　　　　　→ Je fais la cuisine.

A | 왜?　　　　　　　　　　　　→ Pourquoi ?

B | 왜냐하면 나는 Paul을 나의 집에　→ Parce que j'invite Paul chez moi.
　　　초대하거든.

A | 나는 레스토랑에 가.　　　　　→ Je vais au restaurant.

A | Julie가 널 초대하니?　　　　　→ Julie t'invite ?

B | 응, 그녀는 나를 레스토랑에 초대해.　→ Oui, elle m'invite au restaurant.

 미션 확인　　오늘의 핵심 문장을 완벽하게 외워 봅시다.

A: Julie가 너를 초대하니?　　　　→ Julie t'invite ?

B: 응, 그녀는 나를 레스토랑에 초대해.　→ Oui, elle m'invite au restaurant.

1 **밑줄에 들어갈 알맞은 표현을 프랑스어로 써 보세요.**

1. 파티에 _____

2. 나의 집에 _____

3. 너의 집에 _____

4. 당신의 집에 _____

2 **주어진 낱말들로 문장을 만드세요.**

1. 그녀들은 당신을 파티에 초대한다. (à / soirée / elles / invitent / vous / la)

_____

2. 나는 너를 레스토랑에 초대한다. (je / au / invite / t' / restaurant)

_____

3. 당신은 그녀를 당신의 집에 초대한다. (vous / l' / vous / chez / invitez)

_____

4. 나는 Paul을 나의 집에 초대한다. (moi / j' / Paul / chez / invite)

_____

3 **해석을 참고하여 프랑스어로 작문해 보세요.**

1. 나는 레스토랑에 가.

_____

2. 왜? Julie가 너를 초대하니?

_____

3. 응, 그녀는 나를 레스토랑에 초대해.

_____

④ **주어진 동사를 활용하여 문장을 완성해 보세요.**

> aimer [에메] v. 좋아하다, 사랑하다 | adorer [아도헤] v. 매우 좋아하다

Tip aimer, adorer 동사 다음에는 전치사 없이 바로 목적어가 옵니다.

1. 나는 너를 사랑한다.

2. 그는 그녀를 사랑한다.

3. 우리는 그를 매우 좋아한다.

4. 그녀들은 나를 매우 좋아한다.

⑤ **다음 중 알맞은 문장을 골라 체크해 보세요.**

1. 나는 너를 사랑한다.
(a. Je t'aime. / b. Je l'aime.)

2. 그녀는 그를 레스토랑에 초대한다.
(a. Elle l'invite au restaurant. / b. Elle t'invite au restaurant.)

3. 우리는 너희를 파티에 초대한다.
(a. Nous les invitons à la soirée. / b. Nous vous invitons à la soirée.)

4. 나는 Paul을 나의 집에 초대한다.
(a. J'invite Paul chez moi. / b. J'invite Paul chez toi.)

6 밑줄에 들어갈 단어를 보기에서 고르세요.

| 보기 | chez | invitent | l' | vous |

1. Elle invite Paul _____ elle.

2. Ils _____ Julie au restaurant.

3. Je _____ invite chez moi.

4. _____ les invitez à la soirée.

7 각 의문문에 알맞은 대답을 연결해 보세요.

1. Paul t'invite ? ·

2. Pourquoi ? ·

3. Vous invitez Julie au · restaurant ?

4. Elle les invite chez · elle ?

· a. Oui, elle les invite chez elle.

· b. Parce que j'invite Paul chez moi.

· c. Oui, il m'invite chez lui.

· d. Oui, nous l'invitons au restaurant.

정답

1 1. à la soirée 2. chez moi 3. chez toi 4. chez vous

2 1. Elles vous invitent à la soirée. 2. Je t'invite au restaurant. 3. Vous l'invitez chez vous. 4. J'invite Paul chez moi.

3 1. Je vais au restaurant. 2. Pourquoi ? Julie t'invite ? 3. Oui, elle m'invite au restaurant.

4 1. Je t'aime. 2. Il l'aime. 3. Nous l'adorons. 4. Elles m'adorent.

5 1. a 2. a 3. b 4. a

6 1. chez 2. invitent 3. l' 4. vous

7 1. c 2. b 3. d 4. a

표현 더하기

▶ 오늘 배운 내용과 관련된 다양한 표현을 익혀 봐요!

내가 살게!
Je t'invite ! [쥬 땅비뜨]

Je t'invite를 직역하면 '나는 너를 초대한다'지만, 식사하는 자리에서 누군가가 이 표현을 사용한다면 그것은 '내가 이 식사에 너를 초대해' 즉, '내가 살게'라는 의미로 쓰인 것이랍니다. 예전에 친구와 식사하는 자리에서 이 말을 듣고는 친구가 갑자기 저를 집에 초대한다고 생각해서 초대에 당장 응하기에는 시간이 안 될 것 같다고 답했던 기억이 납니다. 엉뚱한 제 대답에 당황한 표정을 보이던 친구의 얼굴이 아직도 생생하네요. 여러분은 이제 이 표현이 어떤 의미인지 아셨으니 프랑스 친구와 식사하는 자리가 생긴다면 센스 있게 한번 사용해 보세요!

❗클라라 선생님의 꿀팁

'파티'가 soirée인 이유!?

1탄에서 배웠던 '**bonne soirée**(좋은 저녁 시간 되세요)'라는 인사말 기억하시나요? 오늘 배운 '파티'라는 단어와 똑같은 단어가 이 문장에도 쓰였는데요. 이 인사말에 사용된 **soirée**는 '파티, 저녁 시간'이라는 두 가지 의미를 동시에 지닙니다. **soirée**가 이 두 뜻 모두를 갖는 이유는 무엇일까요?

그 답은 바로 파티를 여는 시간대와 관련되어 있답니다. 파티를 즐기는 프랑스에서는 일을 마치고 많은 인원이 모일 수 있는 저녁 시간대에 파티를 여는 경우가 많기 때문이죠. 문맥에 따라 **soirée**가 '저녁 시간'을 의미할 수도 있고, '파티'를 의미할 수도 있으니, 주의해서 사용해 주세요.

문화 탐방 · 국제영화계의 메카 '칸'

축제 문화

2019년, <기생충>을 감독·제작한 봉준호 감독이 한국인 최초로 칸 국제영화제에서 황금종려상(palme d'or [빨므 도흐])을 거머쥐어 화제가 되었습니다. 배우들과 감독들이 선망하는 칸 영화제와 '칸(Cannes)'이라는 도시에 대해 구체적으로 알아볼까요?

칸은 프랑스 남동부에 위치한 휴양지입니다. 이 곳에서는 1946년부터 매년 5월에 국제영화제가 개최되고 있는데요. 칸 영화제는 이탈리아의 베니스 국제영화제, 독일의 베를린 국제영화제와 함께 '세계 제3대 영화제'로 불리며 그 위상을 자랑하고 있답니다. 국제적인 영화제가 열리는 도시인 만큼 도시 곳곳에서 영화를 향한 열정을 느낄 수 있어요. 칸 기차역은 영화 관련 포스터들로 화려하게 꾸며져 있고, 거리에는 영화제의 상징인 종려나무(palme [빨므])가 늘어서 있답니다.

칸 영화제는 황금 카메라상, 남녀 주연상, 감독상, 황금종려상 등을 수여하는 행사로 2주 동안 진행되며, Palais des Festivals et des Congrès [빨레 데 페스띠발 에 데 꽁그헤]라는 장소에서 경쟁 부문 영화들과 함께 다수의 영화가 상영됩니다. 그렇다면 황금종려상(palme d'or)은 어느 정도의 위상을 지닌 상일까요? 이 상은 칸 영화제 경쟁 부문 초청작 가운데 '최고 작품'에 주어지는 상인데요. 황금종려상의 최초 트로피는 보석 세공사인 뤼시엔 라종(Lucienne Lazon)이 디자인한 것으로 알려져 있어요. 세월이 지나면서 몇 차례의 수정을 거듭한 후 지금의 모양으로 바뀌었다고 합니다.

칸은 영화제뿐만 아니라 세계 최대 규모의 음악 박람회인 미뎀(Midem), 칸 국제광고제(Festival international de la créativité)와 같은 행사들이 열리는 곳이니, 국제 행사에 관심 있는 분들은 이 도시를 눈여겨봐 주세요!

Leçon

06

Je les vois derrière la poste.

나는 그들을 우체국 뒤에서 봅니다.

학습 | 목표
- VOIR(보다) 동사의 단수·복수 인칭 학습하기
- 직접목적보어 인칭대명사와 장소 전치사 활용하기

학습 | 단어
film [필므] n.m. 영화 **|** **concert** [꽁쎄흐] n.m. 콘서트(공연) **|** **cinéma** [씨네마] n.m. 영화관 **|** **poste** [뽀스뜨] n.f. 우체국 **|** **Tu vois ? / Vous voyez ?** [뛰 부아/부 부아이예] 알겠니?/알겠어요?

ÉTAPE 01 지난 시간 떠올리기

▶ 지난 시간 학습했던 내용들을 떠올려 볼까요?

지난 시간에 처음 다뤘던 직접목적보어 인칭대명사를 기억하시나요? 간편하게 줄여서 '직·목'이라고도 불리는 이 대명사는 항상 동사 앞에 위치하여 앞에서 언급된 사람이나 사물을 대체했는데요. 부정문을 만들 때에는 '대명사+동사'를 한 묶음으로 보고 그 앞뒤로 ne pas를 붙여 준다는 것, 확실하게 기억해 주세요. 한 번 더 복습한 후에 본 강의에서 더 심도 있게 직접목적보어 인칭대명사를 다뤄 보도록 해요.

 직접목적보어 인칭대명사

나를	너를	그를	그녀를
me	te	le	la
[므]	[뜨]	[르]	[라]

우리를	너희를/당신을	그들을/그녀들을
nous	vous	les
[누]	[부]	[레]

🐾 나는 너를 레스토랑에 초대한다.　　➡ Je t'invite au restaurant.

🐾 당신은 그녀들을 파티에 초대한다.　➡ Vous les invitez à la soirée.

🔺오늘의 미션　학습이 끝나면 이 문장을 완벽하게 말할 수 있어요!

A: 너는 Paul과 Julie를 영화관 앞에서 보니?

B: 아니, 나는 그들을 우체국 뒤에서 봐.

🐾 숫자 **55 cinquante-cinq** [쌍껑뜨 쌍끄]

ÉTAPE 02 오늘의 학습

▶ 오늘 배울 내용들을 살펴보고, 머릿속에 차곡차곡 담아 볼까요?

1 보다 voir [부아흐]

오늘 우리가 배울 동사는 '보다'라는 뜻의 3군 불규칙 동사인 voir입니다. voir는 길을 가다 마주치는 강아지를 '보다', 영화관에서 영화를 '보다'와 같이 '(시야에 들어오는 것을) 보다'라는 의미로 쓰이는 동사랍니다. 주어가 nous, vous일 때 y이 붙는 형태로 독특하게 변하는 동사이기 때문에 확실하게 익혀 주셔야 해요. 여러 번 반복해서 내 것으로 만들어 봅시다.

주어는	본다
Je	vois [부아]
Tu	vois [부아]
Il / Elle	voit [부아]
On	
Nous	voyons [부아이용]
Vous	voyez [부아이예]
Ils / Elles	voient [부아]

2 ~을/를 보다: voir + 명사/사람

동사 변화를 확실하게 내 것으로 만들었다면, 이번에는 여러 명사들을 활용하여 문장을 만들어 볼 차례입니다. voir 동사 뒤에 '영화, 콘서트'와 같은 명사가 오면 '영화를/콘서트를 보다'라는 표현이 완성되는데요. 마찬가지로 voir 동사 뒤에 사람이 오면 '사람을 보다'가 되겠죠? 하지만 이 경우, '사람을 만나다'라는 의미로도 해석할 수 있어요. 한국어로도 '너 오늘 뭐 해?'라고 물으면 굳이 '나 Julie 만나'라고 하지 않고 '나 Julie 봐'라며 '보다' 동사를 활용하잖아요? 프랑스어도 똑같답니다.

영화	콘서트(공연)
un film	un concert
[앙 필므]	[앙 꽁쎄흐]

✔ 나는 영화를 본다.   ➡ Je vois un film.

✔ 너는 콘서트를 본다.   ➡ Tu vois un concert.

그는 Julie를 본다.	➡ Il voit Julie.
우리는 Paul과 Julie를 본다.	➡ Nous voyons Paul et Julie.
당신은 당신의 부모님을 본다.	➡ Vous voyez vos parents.

 ### ~를 보다: voir + 사람 ▶ 직접목적보어 + voir

voir 동사를 활용하여 자유자재로 문장을 만들 수 있게 되었으니, 이번에는 지난 시간에 배웠던 직접목적보어 인칭대명사를 활용해 볼까요? 대명사는 항상 동사 앞에 위치한다는 점을 떠올리면서 차례대로 읽어 봅시다.

나를 보다	➡ me voir
너를 보다	➡ te voir
그를 보다	➡ le voir
그녀를 보다	➡ la voir
우리를 보다	➡ nous voir
너희를/당신을 보다	➡ vous voir
그들을/그녀들을 보다	➡ les voir

나는 너를 본다.	➡ Je te vois.
그는 그녀를 본다.	➡ Il la voit.
그는 그녀를 보지 않는다.	➡ Il ne la voit pas.
우리는 그들을 자주 본다.	➡ Nous les voyons souvent.

~ 앞에 devant [드벙]

조금 더 풍성한 문장을 만들기 위해 오늘은 장소 전치사를 활용해 보려고 합니다. '~ 앞에'라는 뜻의 전치사 devant, '~ 뒤에'라는 뜻의 전치사 derrière와 함께 사용할 장소 명사 두 가지를 추가로 알려드릴게요. 참고로 장소 명사는 주로 정관사와 함께 쓰인답니다.

영화관	우체국
le cinéma	la poste
[르 씨네마]	[라 뽀스뜨]

✔ 영화관 앞에   → devant le cinéma

✔ 우체국 앞에   → devant la poste

✔ 나는 그를 영화관 앞에서 본다.   → Je le vois devant le cinéma.

✔ 너는 그녀를 우체국 앞에서 본다.   → Tu la vois devant la poste.

 ~ 뒤에 derrière [데히에흐]

✔ 영화관 뒤에   → derrière le cinéma

✔ 우체국 뒤에   → derrière la poste

✔ 당신은 나를 영화관 뒤에서 본다.   → Vous me voyez derrière le cinéma.

✔ 그들은 너를 우체국 뒤에서 본다.   → Ils te voient derrière la poste.

이번에는 의문사 'que(무엇)'을 활용하여 의문문을 만들어 볼까요? que가 문장 맨 앞에 오면 주어, 동사 도치가 일어난다는 점에 유의해 주세요!

✔ 너는 무엇을 보니?   → Que vois-tu ?

 qu'est-ce que 의문문으로 만들면 qu'est-ce que tu vois ?가 됩니다.

대화로 말해 보기

▶ 오늘 배운 문장들을 활용하여 대화를 나눠 봐요!

A | 너는 무엇을 보니? → Que vois-tu ?

B | 나는 Paul을 봐. → Je vois Paul.

그는 영화관 앞에 있어. Il est devant le cinéma.

너는 Paul과 Julie를 Vois-tu Paul et Julie devant le
영화관 앞에서 보니? cinéma ?

A | 아니, 나는 그들을 우체국 뒤에서 봐. → Non, je les vois derrière la poste.

🛠 미션 확인 오늘의 핵심 문장을 완벽하게 외워 봅시다.

A: 너는 Paul과 Julie를 영화관 앞에서 보니?
→ Vois-tu Paul et Julie devant le cinéma ?

B: 아니, 나는 그들을 우체국 뒤에서 봐.
→ Non, je les vois derrière la poste.

1 **괄호를 참고하여 밑줄에 들어갈 알맞은 프랑스어를 써 보세요.**

1. 영화 (부정관사)

2. 콘서트 (부정관사)

3. 영화관 (정관사)

4. 우체국 (정관사)

2 **주어진 낱말들로 문장을 만드세요.**

1. 너는 그녀를 우체국 앞에서 본다. (la / la / tu / poste / devant / vois)

2. 그들은 너를 영화관 뒤에서 본다. (derrière / ils / le / te / voient / cinéma)

3. 우리는 그들을 우체국 뒤에서 본다. (poste / on / derrière / voit / les / la)

3 **해석을 참고하여 프랑스어로 작문해 보세요.**

1. 너는 무엇을 보니? (도치 의문문)

2. 나는 Paul을 봐. 그는 영화관 앞에 있어.

3. 나는 그들을 우체국 뒤에서 봐.

주어진 명사를 활용하여 문장을 만들어 보세요.

> bibliothèque [비블리오떼끄] n.f. 도서관 | banque [벙끄] n.f. 은행

1. 나는 그녀를 도서관 앞에서 본다. _____

2. 그는 너를 은행 앞에서 본다. _____

3. 당신은 그들을 도서관 뒤에서 본다. _____

4. 그녀들은 나를 은행 뒤에서 본다. _____

5 다음 중 알맞은 문장을 골라 체크해 보세요.

1. 너는 콘서트를 본다.
   (a. Tu vois un concert. / b. Tu vois un film.)

2. 당신은 당신의 아버지를 본다.
   (a. Vous voyez vos parents. / b. Vous voyez votre père.)

3. 그는 그녀를 은행 앞에서 본다.
   (a. Il la voit devant la banque. / b. Elle le voit derrière la banque.)

4. 그들은 너를 도서관 뒤에서 본다.
   (a. Ils me voient derrière la bibliothèque. / b. Ils te voient derrière la bibliothèque.)

정답

1 1. un film 2. un concert 3. le cinéma 4. la poste

2 1. Tu la vois devant la poste. 2. Ils te voient derrière le cinéma. 3. On les voit derrière la poste.

3 1. Que vois-tu ? 2. Je vois Paul. Il est devant le cinéma. 3. Je les vois derrière la poste.

4 1. Je la vois devant la bibliothèque. 2. Il te voit devant la banque. 3. Vous les voyez derrière la bibliothèque. 4. Elles me voient derrière la banque.

5 1. a 2. b 3. a 4. b

표현 더하기

▶ 오늘 배운 내용과 관련된 다양한 표현을 익혀 봐요!

알겠니? / 알겠어요?
Tu vois ? [뛰 부아] / Vous voyez ? [부 부아이예]

'voir(보다)' 동사의 경우, 주로 목적어를 함께 써서 '(목적어)를 보다'라는 의미로 활용되는데요. 영어에서 '알겠니?' 또는 '이해했니?'라고 질문할 때 '보다'라는 뜻의 see를 활용하여 물어본다는 것, 알고 계시지요? 프랑스도 마찬가지로 voir를 활용하여 위와 같은 질문을 할 수 있답니다. 또한 '알겠어(이해했어)'라고 대답하고 싶다면 voir 동사를 활용하여 je vois라고 말하면 돼요. 반대로 '모르겠어(이해 못 했어)'라고 대답하고 싶다면 부정문을 활용하여 je ne vois pas라고 말하면 된답니다.

❗클라라 선생님의 꿀팁

너 요즘 만나는 사람 있니?

프랑스어로 '너 요즘 만나는 사람 있니?'라는 표현을 어떻게 할 수 있을까요? 영어의 'are you seeing someone?'과 동일한 그 표현, 바로 오늘 배운 voir 동사를 활용해서 만들 수 있어요. voir 동사는 '보다'라는 뜻도 있지만 '만나다'라는 뜻으로도 활용된다고 설명드렸죠? 'voir Clara'처럼, voir 동사 뒤에 사람 이름만 붙여 주면 '(사람)을 만나다'라는 표현을 만들 수 있답니다. 준비강의 시간에 배웠던 부정 대명사 'quelqu'un(누군가, 어떤 사람)'을 활용하여 문장을 함께 만들어 볼까요?

- en ce moment [엉 쓰 모멍] 지금, 현재, 요즘

- Tu vois quelqu'un en ce moment ?
  [뛰 부아 껠깡 엉 쓰 모멍] 너는 요즘 누군가를 만나니?

- Vous voyez quelqu'un en ce moment ?
  [부 부아이예 껠깡 엉 쓰 모멍] 당신은 요즘 누군가를 만나세요?

France

문화 탐방 — 프랑스와 영국을 잇는 '해저터널'

교통 수단

프랑스에서 영국을 방문할 때, 비행기가 유일한 이동 수단이라고 생각하는 분들 계신 가요? 영국과 프랑스 사이 좁은 해협 아래에는 두 나라를 자유롭게 이동하도록 만들 어진 터널이 존재하는데요. 바로 '유로터널, 채널터널' 등 다양한 이름으로 불리는 'Le Tunnel sous La Manche [르 뛰넬 술라 멍슈]'이 그것입니다.

1986년 1월 말, 릴 시청에서 진행된 영국 총리 마거릿 대처(Margaret Thatcher)와 프랑스 대통령 프랑수아 미테랑(François Mitterand)의 회담에서 프랑스와 영국을 잇는 이동 경로 구축 프로젝트가 결정되었는데요. 그 내용은 바로 영불해협 아래 바 닥을 파내어 약 50km 길이에 달하는 긴 터널을 만드는 것이었습니다. 양쪽 나라를 이동하는 수단으로 쓰일 두 개의 터널과 긴급 시 사용될 예비용·정비용 중간 터널 하 나, 이렇게 구성된 총 세 개의 터널은 1994년도에 본격 개통되었답니다. 이 해저터널 을 통과하는 열차가 바로 '유로스타(Eurostar [외호스따흐])'인데요. 유로스타는 파리 와 런던, 브뤼셀과 런던을 약 2시간 만에 오가는 초고속 열차입니다. 이 열차에는 총 3종류의 좌석이 있는데, TGV의 이등석과 유사한 스탠다드 석(La Classe Standard [라 끌라쓰 스떵다흐])은 티켓이 비교적 저렴한 반면 환불이 까다로운 단점이 있어요. 프리미어 스탠다드 석(La Classe Standard Premier [라 끌라쓰 스떵다흐 프흐미에])은 보다 넓고 푹신한 좌석과 간단한 식음료 서비스 등이 가능한 반면 티켓을 환불할 수 없답니다. 마지막으로 비즈니스 프리미어 석(La Classe Business Premier [라 끌라 쓰 비즈네쓰 프흐미에])은 열차 탑승 전 전용 라운지 바와 뷔페 이용이 가능하고 티켓을 교환, 환불할 수 있습니다. 프랑스와 영국 간 해저터널을 이용하실 분들은 이번 시간에 알게 된 정보들을 참고하셔서 자신에게 꼭 필요한 티켓을 구매하시기 바라요!

Leçon

07

Je lui donne un cadeau.

나는 그녀에게 선물을 줍니다.

학습 목표	• DONNER(주다) 동사의 단수·복수 인칭 학습하기
	• 간접목적보어 인칭대명사 활용하기

학습 단어	**cadeau** [꺄도] n.m. 선물 ∣ **lettre** [레트흐] n.f. 편지 ∣ **gâteau** [갸또] n.m. 케이크 ∣
	bouquet [부께] n.m. 꽃다발 ∣ **anniversaire** [아니베흐쎄흐] n.m 기념일, 생일 ∣ **bon**
	anniversaire [보나니베흐쎄흐] 생일 축하해

ÉTAPE 01

지난 시간 떠올리기

▶ 지난 시간 학습했던 내용들을 떠올려 볼까요?

직접목적보어 인칭대명사 활용

지난 시간까지 직접목적보어를 활용하여 다양한 표현들을 만들어 보았습니다. 새로운 내용을 배우기 전에 한 번 더 복습하면서 학습한 내용들을 완벽하게 정리해 보도록 해요. 장소 전치사 뒤에 장소 명사가 올 때에는 주로 정관사를 사용한다는 점에 유의하면서 문장을 만들어 볼까요?

🌱 나는 그를 영화관 앞에서 본다.	➡ Je le vois devant le cinéma.
🌱 너는 그녀를 우체국 앞에서 본다.	➡ Tu la vois devant la poste.
🌱 당신은 나를 영화관 뒤에서 본다.	➡ Vous me voyez derrière le cinéma.
🌱 그들은 너를 우체국 뒤에서 본다.	➡ Ils te voient derrière la poste.

🔺오늘의 미션   학습이 끝나면 이 문장을 완벽하게 말할 수 있어요!

A: 오늘은 Julie의 생일이야.

B: 나는 그녀에게 선물을 줘.

🌱 숫자 **56 cinquante-six** [쌍껑뜨 씨스]

ÉTAPE 02 오늘의 학습

▶ 오늘 배울 내용들을 살펴보고, 머릿속에 차곡차곡 담아 볼까요?

1 주다 donner [도네]

오늘은 '주다'라는 뜻의 1군 규칙 동사 donner의 동사 변화를 익혀 보겠습니다. donner 동사와 선물 관련 용어들을 활용하여 문장을 만들어 볼 텐데요. 먼저 단수·복수 인칭 변화를 완벽하게 알아볼까요?

주어는	준다
Je	donne [돈느]
Tu	donnes [돈느]
Il / Elle	donne [돈느]
On	
Nous	donnons [도농]
Vous	donnez [도네]
Ils / Elles	donnent [돈느]

2 ~을 주다: donner + 명사

생일을 맞은 친구에게는 어떤 것들을 줄 수 있을까요? 마음과 정성을 듬뿍 담은 선물과 편지는 어떨까요? donner 동사 뒤에 '선물, 편지' 명사를 붙여서 '선물을/편지를 주다'라는 표현을 만들어 봅시다.

선물	편지
un cadeau	une lettre
[앙 꺄도]	[윈느 레트흐]

> **Tip** ca나 ga는 각각 [꺄], [갸]로 발음합니다.

✎ 나는 선물을 준다.   → Je donne un cadeau.

✎ 너는 편지를 준다.   → Tu donnes une lettre.

~을 ~에게 주다: donner + 명사 + à 사람

'선물을/편지를 주다'까지 쓸 수 있게 되었으니, 이제 선물과 편지를 누구에게 주는지 그 대상을 밝혀 보도록 해요. '~에'를 뜻하는 전치사 à 뒤에 사람을 붙이면 '(사람)에게'라는 표현이 완성되는데요. 프랑스어 어순을 떠올리며 문장을 천천히 만들어 봅시다. '그는 선물을 준다 Julie에게' 순으로 문장을 만들면 된답니다.

☑ 그는 선물을 Julie에게 준다.   ➡ Il donne un cadeau à Julie.

☑ 그녀는 편지를 Paul에게 준다.   ➡ Elle donne une lettre à Paul.

간접목적보어 인칭대명사

드디어 올 것이 왔습니다! 지난 시간까지는 직접목적보어 인칭대명사를 활용한 표현들을 익혔다면, 오늘은 간접목적보어 인칭대명사를 배우고 이를 활용한 문장들을 익혀 볼 거예요. 간단하게 줄여서 '간·목'이라고도 불리는 이 대명사는 앞에 제시된 사람(à 사람)을 대체하며 '~에게'로 해석되는데요. 예를 들어 'Il donne un cadeau à Julie(그는 선물을 Julie에게 준다)'에서 간접목적보어로 대체할 수 있는 부분은 바로 'à 사람'에 해당하는 à Julie입니다. 기본 규칙도 다시 한번 짚고 넘어갈까요? 간접목적보어와 같은 대명사는 동사의 앞에 위치하며, 부정문에서는 '대명사+동사'의 앞뒤로 ne pas를 붙여 준다는 것, 잘 기억하고 계시죠? 지금부터 함께 형태를 익혀 봅시다.

> **간접목적보어 인칭대명사**
> - 앞서 제시된 사람(à 사람)을 대체, '~에게'로 해석
> - 동사 앞에 위치 ▶ 주어 + 대명사 + 동사
> - 부정문에서 '대명사 + 동사' 앞뒤로 ne pas ▶ ne 대명사 + 동사 pas

1) 형태

나에게	너에게	그/그녀에게
me	te	lui
[므]	[뜨]	[뤼]

우리에게	너희/당신에게	그들/그녀들에게
nous	vous	leur
[누]	[부]	[뢰흐]

2) ~에게 ~을 주다: 간접목적보어 + donner + 명사

간접목적보어 인칭대명사의 형태를 익혀 보았습니다. 본격적으로 문장을 만들기에 앞서 간접목적보어의 위치를 먼저 확인해 볼까요? 대명사는 동사의 앞에 위치한다는 것을 떠올리며 함께 읽어 봅시다.

✔ 나에게 주다	➡ me donner
✔ 너에게 주다	➡ te donner
✔ 그/그녀에게 주다	➡ lui donner
✔ 우리에게 주다	➡ nous donner
✔ 너희/당신에게 주다	➡ vous donner
✔ 그들/그녀들에게 주다	➡ leur donner

이제 문장을 만들 모든 준비를 마쳤습니다. 간접목적보어 인칭대명사와 명사를 활용하여 문장을 만들어 볼까요? '나는 너에게 준다 선물을' 순으로 만들면 된답니다.

✔ 나는 너에게 선물을 준다.	➡ Je te donne un cadeau.
✔ 너는 나에게 선물을 준다.	➡ Tu me donnes un cadeau.
✔ 그는 그녀에게 편지를 준다.	➡ Il lui donne une lettre.
✔ 그녀는 그에게 편지를 준다.	➡ Elle lui donne une lettre.

생일 파티에는 달콤한 케이크와 향기로운 꽃다발이 빠질 수 없죠! 결혼식 때 신부가 들고 있는 꽃다발을 '부케'라고 하는데요. 이는 프랑스어 명사 bouquet를 차용한 표현이랍니다. 정확한 발음은 '부께'입니다. 함께 읽어 볼까요?

케이크	꽃다발
un gâteau	un bouquet
[앙 갸또]	[앙 부께]

✔ 우리는 그들에게 케이크를 준다.	➡ Nous leur donnons un gâteau.
✔ 당신은 나에게 케이크를 준다.	➡ Vous me donnez un gâteau.
✔ 그들은 우리에게 꽃다발을 준다.	➡ Ils nous donnent un bouquet.

✔ 그녀들은 너에게 꽃다발을 준다. → Elles te donnent un bouquet.

마지막으로 '생일'에 해당하는 명사를 알려드리려고 해요. 이 단어는 모음으로 시작하는 남성 명사입니다. 정관사와 명사의 모음 축약에 주의하며 함께 읽어 봅시다.

✔ 생일 → l'anniversaire
[라니베흐쎄흐]

✔ Clara의 생일 → l'anniversaire de Clara

✔ Clara의 생일이다. → C'est l'anniversaire de Clara.

Tip '~의 생일'이라고 할 때에는 전치사 de를 사용합니다.

ÉTAPE 03 대화로 말해 보기

▶ 오늘 배운 문장들을 활용하여 대화를 나눠 봐요!

A ┃ 오늘은 Julie의 생일이야. → Aujourd'hui, c'est l'anniversaire de Julie.

B ┃ 나는 그녀에게 선물을 줘. → Je lui donne un cadeau.

A ┃ 나는 그녀에게 편지를 줄 거야. → Moi, je lui donne une lettre.

A ┃ 나의 어머니가 우리에게 케이크를 주셔. → Ma mère nous donne un gâteau.

B ┃ 우리는 너에게 꽃다발을 줄게. → Nous te donnons un bouquet.

　 이것은 그녀를 위한 것이야. 　 C'est pour elle.

🔺미션 확인 오늘의 핵심 문장을 완벽하게 외워 봅시다.

A: 오늘은 Julie의 생일이야. → Aujourd'hui, c'est l'anniversaire de Julie.

B: 나는 그녀에게 선물을 줘. → Je lui donne un cadeau.

1 괄호를 참고하여 밑줄에 들어갈 알맞은 단어를 써 보세요.

1. 선물 (부정관사)

_____

2. 편지 (부정관사)

_____

3. 케이크 (부정관사)

_____

4. 생일 (정관사)

_____

2 주어진 낱말들로 문장을 만드세요.

1. 우리는 그들에게 케이크를 준다. (gâteau / donnons / un / nous / leur)

_____

2. 그녀는 나에게 편지를 준다. (elle / lettre / me / une / donne)

_____

3. 당신은 우리에게 선물을 준다. (un / nous / vous / donnez / cadeau)

_____

4. 오늘은 Clara의 생일이다. (Clara / anniversaire / aujourd'hui / l' / de / c'est)

_____

3 해석을 참고하여 프랑스어로 작문해 보세요.

1. 오늘은 Julie의 생일이야.

_____

2. 나는 그녀에게 선물을 줘.

_____

3. 나의 어머니가 우리에게 케이크를 주셔.

_____

 주어진 명사를 활용하여 문장을 만들어 보세요.

> parfum [빠흐팡] n.m. 향수 │ bague [바그] n.f. 반지

1. 나는 너에게 향수를 준다.　_____

2. 그녀는 그에게 반지를 준다.　_____

3. 당신은 그녀에게 향수를 준다.　_____

4. 그들은 너에게 반지를 준다　_____

 다음 중 알맞은 문장을 골라 체크해 보세요.

1. 그녀는 나에게 편지를 준다.
(a. Elle lui donne une lettre. / b. Elle me donne une lettre.)

2. 우리는 너에게 꽃다발을 준다.
(a. Nous te donnons un bouquet. / b. On lui donne un bouquet.)

3. 그들은 그에게 향수를 준다.
(a. Ils lui donnent un parfum. / b. Ils leur donnent un parfum.)

4. 나의 어머니가 너에게 케이크를 준다.
(a. Ma mère te donne un gâteau. / b. Ma mère me donne un gâteau.)

정답

1 1. un cadeau 2. une lettre 3. un gâteau 4. l'anniversaire

2 1. Nous leur donnons un gâteau. 2. Elle me donne une lettre. 3. Vous nous donnez un cadeau. 4. Aujourd'hui, c'est l'anniversaire de Clara.

3 1. Aujourd'hui, c'est l'anniversaire de Julie. 2. Je lui donne un cadeau. 3. Ma mère nous donne un gâteau.

4 1. Je te donne un parfum. 2. Elle lui donne une bague. 3. Vous lui donnez un parfum. 4. Ils te donnent une bague.

5 1. b 2. a 3. a 4. a

ÉTAPE 05 표현 더하기

▶ 오늘 배운 내용과 관련된 다양한 표현을 익혀 봐요!

생일 축하해 !
Bon anniversaire ! [보나니베흐쎄흐]

1년 중 가장 행복해야 하는 날이 있다면 생일이 아닐까 싶어요. 주변에 생일을 맞은 친구가 있다면 bon anniversaire라고 하며 축하 인사를 건네 보세요. bon anniversaire뿐만 아니라 '즐거운, 행복한'이라는 뜻의 형용사 joyeux를 활용하여 joyeux anniversaire라고도 표현할 수 있답니다. 참고로 알아 두면 좋겠죠?

❗ 클라라 선생님의 꿀팁

anniversaire의 또 다른 뜻?!

anniversaire는 '생일'이라는 뜻도 있지만 '기념일'이라는 의미도 지니고 있습니다. anniversaire de 뒤에 사람이 오면 '(사람)의 생일'이라는 뜻이 되는데요. 사람 대신 다른 명사가 추가로 붙으면 '(명사)의 기념일'이라는 뜻이 된답니다. 즉, 뒤에 어떤 명사가 붙느냐에 따라 기념일의 성격이 달라지는 것이죠.

• anniversaire de mariage	결혼기념일

소유 형용사를 활용하여 생일을 표현하는 방법도 있습니다. anniversaire 앞에 '나의, 너의, 그의/그녀의'와 같은 소유 형용사 남성형을 붙여서 '나의 생일, 너의 생일, 그의/그녀의 생일'이라는 표현을 만들어 볼까요?

• mon anniversaire	나의 생일
• ton anniversaire	너의 생일
• son anniversaire	그/그녀의 생일

문화 탐방 | 프랑스의 명품 브랜드

쇼핑 문화

우리가 익히 들어 알고 있는 유명 브랜드 중에 프랑스 브랜드가 많다는 사실, 알고 계시지요? 이번 시간에는 프랑스의 대표 명품 브랜드 두 가지와 그 역사를 간단하게 소개해 드리려고 해요.

1. 에르메스(Hermès)

세계 3대 명품 브랜드로 손꼽히는 에르메스는 명품 중에서도 최상위에 속하는 브랜드로, 19세기 초 티에리 에르메스(Thierry Hermès)에 의해 탄생하게 되었습니다. 사륜마차 로고가 상징인 이 브랜드는 왕족과 귀족들의 취미 생활인 승마 관련 용품 사업을 하면서 탄생하게 되었답니다. 에르메스는 마구 및 안장을 만드는 전통 박음질 기술을 가죽 제품에 활용하면서 브랜드의 정체성을 만들어 냈고, 1837년 이래로 무려 6대에 걸쳐 전해 내려오는 가족 경영 명품 브랜드예요. 긴 역사라 놀랍지 않나요?

2. 루이비통(Louis Vuitton)

멋스러운 핸드백이나 여행 가방을 떠올리면 가장 먼저 모노그램 패턴을 자랑하는 루이비통을 떠올리는 분들이 많을 거예요. 루이비통 또한 프랑스 브랜드인데요. 19세기 초에 태어난 프랑스 동부 출신의 루이비통(Louis Vuitton)은 패션 브랜드 창업자로 활동하기 전 여행길에 오르는 귀족들의 짐을 꾸려 주는 사람이었고, 19세기 중반에 여행 가방 전문 매장을 정식으로 오픈하면서 업계에 이름을 떨치기 시작합니다. 시대의 흐름에 따라 기차에서 자가용으로 교통수단이 바뀌면서 여행용 트렁크뿐만 아니라 적은 물품을 넣고 다닐 수 있는 작고 실용적인 가방도 제작하게 되는데요. 그렇게 현재의 루이비통 가방이 탄생하게 되었답니다.

창업자와 그 역사를 알고 나니, 익숙했던 브랜드가 달리 보이지 않나요? 이번 시간을 통해 새로운 정보를 많이 얻으셨기를 바라요!

Leçon

08

Vous voulez lui laisser un message ?

당신은 그녀에게 메시지를 남기고 싶으세요?

학습 | 목표
- TÉLÉPHONER(전화하다) 동사, LAISSER(남기다) 동사의 단수·복수 인칭 학습하기
- 간접목적보어 인칭대명사 활용하기

학습 | 단어
message [메싸쥬] n.m. 메시지 | **mot** [모] n.m. 단어, 한마디 | **laisse-moi tranquille** [레쓰 무아 트헝낄] 날 가만히 내버려 둬

지난 시간 떠올리기

▶ 지난 시간 학습했던 내용들을 떠올려 볼까요?

간접목적보어 인칭대명사

지난 시간에는 '~에게'라는 뜻으로 해석되는 간접목적보어 인칭대명사를 학습했습니다. '앞서 제시된 사람(à 사람)'을 대체하는 대명사였죠? 오늘도 계속해서 간접목적보어를 활용한 표현들을 배울 예정이 에요. 꼼꼼하게 읽고 넘어가 주세요!

나에게	너에게	그/그녀에게
me	te	lui
[므]	[뜨]	[뤼]

우리에게	너희/당신에게	그들/그녀들에게
nous	vous	leur
[누]	[부]	[뢰흐]

✓ 나는 너에게 선물을 준다.   ➡ Je te donne un cadeau.

✓ 그는 그녀에게 편지를 준다.   ➡ Il lui donne une lettre.

✓ 당신은 나에게 케이크를 준다.   ➡ Vous me donnez un gâteau.

✓ 그녀들은 너에게 꽃다발을 준다.   ➡ Elles te donnent un bouquet.

△ 오늘의 미션   학습이 끝나면 이 문장을 완벽하게 말할 수 있어요!

A: 당신은 그녀에게 메시지를 남기고 싶으세요?

B: 네, 나는 그녀에게 한마디를 남기고 싶어요.

✓ 숫자 **57 cinquante-sept** [쌍껑뜨 쎄뜨]

전화하다 téléphoner [뗄레포네]

오늘은 '전화하다'라는 뜻의 1군 규칙 동사 téléphoner의 단수·복수 인칭 변화를 살펴보겠습니다. 함께 큰 소리로 읽어 볼까요?

주어는	전화한다
Je	téléphone [뗄레폰느]
Tu	téléphones [뗄레폰느]
Il / Elle	téléphone [뗄레폰느]
On	
Nous	téléphonons [뗄레포농]
Vous	téléphonez [뗄레포네]
Ils / Elles	téléphonent [뗄레폰느]

1) ~에게 전화하다: téléphoner + à 사람

'~에게 전화하다'라는 표현은 간단하게 만들 수 있는데요. 전치사 à 뒤에 사람을 붙이면 바로 완성이랍니다. '(사람)에게 전화하다'라는 표현을 만들어 볼까요?

✔ 나는 Julie에게 전화한다.　　　　　➡ Je téléphone à Julie.

✔ 너는 Paul에게 전화한다.　　　　　➡ Tu téléphones à Paul.

2) ~에게 전화하다: 간접목적보어 + téléphoner

'앞서 제시된 사람(à 사람)'은 간접목적보어 인칭대명사로 대체될 수 있었죠? 간·목을 활용하여 '나에게 전화하다'부터 '그들/그녀들에게 전화하다'라는 문장까지 만들어 봅시다.

✔ 나에게 전화하다　　　　　➡ me téléphoner

✔ 너에게 전화하다　　　　　➡ te téléphoner

✔ 그/그녀에게 전화하다　　　　　➡ lui téléphoner

☝ 우리에게 전화하다 → nous téléphoner

☝ 너희/당신에게 전화하다 → vous téléphoner

☝ 그들/그녀들에게 전화하다 → leur téléphoner

빈도를 나타내는 부사 'souvent(자주)'을 활용하여 조금 더 구체적인 표현을 해 볼까요?

☝ 나는 너에게 전화한다. → Je te téléphone.

☝ 너는 그녀에게 자주 전화한다. → Tu lui téléphones souvent.

☝ 그는 그들에게 자주 전화한다. → Il leur téléphone souvent.

☝ 당신은 나에게 자주 전화하지 않는다. → Vous ne me téléphonez pas souvent.

Tip souvent, toujours와 같은 부사는 동사의 뒤에 위치합니다.

2 남기다 laisser [레쎄]

오늘 배울 두 번째 동사입니다. '흔적을 남기다, 메시지를 남기다' 등의 표현을 할 때 쓸 수 있는 1군 규칙 동사인데요. 'laisser(남기다)'의 단수·복수 인칭 변화를 지금부터 함께 배워 봅시다.

주어는	남긴다
Je	laisse [레쓰]
Tu	laisses [레쓰]
Il / Elle	laisse [레쓰]
On	
Nous	laissons [레쏭]
Vous	laissez [레쎄]
Ils / Elles	laissent [레쓰]

1) ~을 남기다: laisser + 명사

'~을 남기다'와 같은 표현을 하기 위해서는 laisser 동사 뒤에 명사만 붙여 주면 된답니다. 친구에게 전화를 걸었는데 부재중이라면 메시지나 한마디를 남길 수 있겠죠? '메시지, 한마디'에 해당하는 명사를 알려드릴게요.

메시지	단어, 한마디
un message	un mot
[앙 메싸쥬]	[앙 모]

> **Tip** un mot를 직역하면 '한 단어, 낱말'이지만 laisser 동사 뒤에 쓰이면 '짧은 메모, 한마디'라는 뜻이 됩니다.

☑ 나는 메시지를 남긴다. → Je laisse un message.

☑ 너는 한마디를 남긴다. →Tu laisses un mot.

2) ~을 ~에게 남기다: laisser + 명사 + à 사람

'à 사람'을 활용하여 메시지를 남길 대상을 구체적으로 명시해 봅시다.

☑ 그는 메시지를 Julie에게 남긴다. → Il laisse un message à Julie.

☑ 그녀는 한마디를 Paul에게 남긴다. → Elle laisse un mot à Paul.

3) ~에게 ~을 남기다: 간접목적보어 + laisser + 명사

위 예문에서 다룬 문장을 간접목적보어를 사용한 문장으로 바꿔 볼까요? 이 경우, 간접목적보어가 동사의 앞으로 오기 때문에 어순이 '~을 ~에게 남기다'에서 '~에게 ~을 남기다'로 바뀝니다. 이 점을 기억하면서 같이 살펴봅시다.

☑ 나에게 남기다 → me laisser

☑ 너에게 남기다 → te laisser

☑ 그/그녀에게 남기다 → lui laisser

☑ 우리에게 남기다 → nous laisser

☑ 너희/당신에게 남기다 → vous laisser

☑ 그들/그녀들에게 남기다 → leur laisser

🖐 나는 당신에게 메시지를 남긴다.	➡ Je vous laisse un message.
🖐 너는 그들에게 메시지를 남긴다.	➡ Tu leur laisses un message.
🖐 그는 그녀에게 한마디를 남긴다.	➡ Il lui laisse un mot.
🖐 당신은 나에게 한마디를 남긴다.	➡ Vous me laissez un mot.

3 동사가 2개일 때

마지막으로 동사 2개를 활용한 표현을 만들어 보려고 해요. vouloir와 앞서 배운 téléphoner, laisser 동사를 활용하여 '전화하기를 원하다, 남기기를 원하다' 등의 문장을 만들어 봅시다. 준비되셨나요?

1) ~에게 전화하기를 원하다

'~에게 전화하기를 원하다'라는 문장을 만들어 볼 텐데요. 이처럼 한 문장 안에 동사가 2개인 경우 간접목적보어를 어느 동사 앞에 써야 할지 헷갈릴 수 있죠. 이와 같은 경우 간접목적보어는 대명사의 행위와 직접적으로 연관된 동사 앞에 씁니다. '~에게'라는 뜻으로 해석되는 간접목적보어는 '~에게 전화하다' 즉, '전화하다' 동사와 직접적으로 관련되므로 'vouloir(원하다)' 동사는 'telephoner(전화하다)'라는 본동사를 보조해 주는 조동사에 해당한답니다. 그러므로 대명사의 행위와 직접적으로 관련된 téléphoner 동사 앞에 간접목적보어를 써야 해요.

	me	nous	
vouloir	te	vous	téléphoner
	lui	leur	

2) ~에게 메시지/한마디를 남기기를 원하다

이번에는 '~에게 메시지/한마디를 남기기를 원하다'라는 문장을 만들어 볼까요? 마찬가지로 간접목적보어의 행위와 직접적으로 연관된 laisser 동사 앞에 대명사를 넣어 줍니다. 아주 간단하죠? 같이 문장을 만들어 봅시다.

	me	nous	laisser un message
vouloir	te	vous	un mot
	lui	leur	

🖐 나는 너에게 전화하기를 원한다.	➡ Je veux te téléphoner.
🖐 당신은 그녀에게 메시지를 남기기를 원하세요?	➡ Vous voulez lui laisser un message ?

A | 너는 너의 부모님께 전화하니?   → Tu téléphones à tes parents ?

B | 응, 나는 그들에게 자주 전화해.   → Oui, je leur téléphone souvent.

A | 당신은 그녀에게 메시지를 남기기를 원하세요?   → Vous voulez lui laisser un message ?

B | 네, 나는 그녀에게 한마디를 남기고 싶어요.   → Oui, je veux lui laisser un mot.

미션 확인   오늘의 핵심 문장을 완벽하게 외워 봅시다.

A: 당신은 그녀에게 메시지를 남기고 싶으세요?
→ Vous voulez lui laisser un message ?

B: 네, 나는 그녀에게 한마디를 남기고 싶어요.
→ Oui, je veux lui laisser un mot.

ÉTAPE 04 연습 문제

▶ 문제를 풀어 보면서 공부한 내용들을 완전히 내 것으로 만들어 봐요!

1 밑줄에 들어갈 알맞은 단어를 부정관사와 함께 써 보세요.

1. 메시지 _____

2. 단어, 한마디 _____

2 주어진 낱말들로 문장을 만드세요.

1. 너는 그녀에게 자주 전화한다. (lui / téléphones / souvent / tu)

_____

2. 당신은 나에게 자주 전화하지 않는다. (pas / me / téléphonez / vous / ne / souvent)

_____

3. 그는 메시지를 Julie에게 남긴다. (Julie / message / il / un / à / laisse)

_____

4. 나는 그들에게 한마디를 남긴다. (laisse / un / leur / je / mot)

_____

3 해석을 참고하여 프랑스어로 작문해 보세요.

1. 너는 너의 부모님께 전화하니?

_____

2. 응, 나는 그들에게 자주 전화해.

_____

3. 당신은 그녀에게 메시지를 남기기를 원하세요?

_____

4. 네, 나는 그녀에게 한마디를 남기고 싶어요.

_____

4 **주어진 동사를 활용하여 문장을 만들어 보세요.**

parler [빠흘레] v. 말하다

1. 나는 너에게 말한다.

2. 그는 그녀에게 말한다.

3. 당신은 그에게 말하기를 원하세요?

4. 그들은 나에게 말하지 않는다.

5 **다음 중 알맞은 문장을 골라 체크해 보세요.**

1. 나는 너에게 전화한다.
   (a. Tu me téléphones. / b. Je te téléphone.)

2. 그는 너에게 전화하기를 원한다.
   (a. Il veut te téléphoner. / b. Il veut lui téléphoner.)

3. 당신은 나에게 한마디를 남긴다.
   (a. Vous me laissez un mot. / b. Tu me laisses un mot.)

4. 그들은 나에게 말한다.
   (a. Ils te parlent. / b. Ils me parlent.)

밑줄에 들어갈 단어를 보기에서 고르세요.

　　veut　　laissez　　te　　à

1. Vous me _____ un mot.

2. Elle _____ lui téléphoner.

3. Nous voulons _____ parler.

4. Je laisse un message _____ Julie.

 각 의문문에 알맞은 대답을 연결해 보세요.

1. Il lui téléphone souvent ?　　·

2. Vous voulez leur parler ?　　·

3. Elles te téléphonent ?　　·

4. Tu leur laisses un mot ?　　·

· **a.** Oui, je leur laisse un mot.

· **b.** Oui, elles me téléphonent souvent.

· **c.** Oui, il lui téléphone souvent.

· **d.** Oui, nous voulons leur parler.

정답

1　1. un message 2. un mot

2　1. Tu lui téléphones souvent. 2. Vous ne me téléphonez pas souvent. 3. Il laisse un message à Julie. 4. Je leur laisse un mot.

3　1. Tu téléphones à tes parents ? 2. Oui, je leur téléphone souvent. 3. Vous voulez lui laisser un message ? 4. Oui, je veux lui laisser un mot.

4　1. Je te parle. 2. Il lui parle. 3. Vous voulez lui parler ? 4. Ils ne me parlent pas.

5　1. b 2. a 3. a 4. b

6　1. laissez 2. veut 3. te 4. à

7　1. c 2. d 3. b 4. a

날 가만히 내버려 둬!
Laisse-moi tranquille ! [레쓰 무아 트헝낄]

laisse-moi는 'tu me laisses 너는 나를 남긴다' 즉, '너는 나를 내버려 둔다'라는 평서문을 명령문으로 바꾼 형태로, '나를 내버려 둬'라는 의미를 지닙니다. 뒤에 '고요한, 평온한'이라는 뜻의 형용사 tranquille이 붙으면서 '나를 평온히 내버려 둬'라는 의미가 되는데요. 혼자 있고 싶을 때 누군가 계속 말을 걸어 온다면, 이 표현을 한번 사용해 보세요.

❗클라라 선생님의 꿀팁

간접목적보어 활용하기

간접목적보어는 전치사 à와 함께 사용되는 동사에 쓰입니다. 보통 '~에게 ~하다'라는 해석이 가능한 동사들이죠. 'donner(주다), téléphoner(전화하다), laisser(남기다)'의 경우도 '~에게 주다/전화하다/남기다' 즉 '전치사 à +사람'과 함께 쓰였는데요. 간접목적보어를 사용하는 다른 동사들은 또 어떤 것들이 있는지 알아볼까요? 쉽게 동사 변화를 유추할 수 있도록 1군 동사들로 알려드릴게요.

• demander [드멍데] v. 부탁하다, 물어보다 / demander à 사람: ~에게 부탁하다, 물어보다
▶ Je te demande une chose. [쥬 뜨 드멍드 윈느 쇼즈] 나는 너에게 한 가지 부탁한다.

• prêter [프헤떼] v. 빌려주다 / prêter à 사람: ~에게 빌려주다
▶ Tu me prêtes un livre. [뛰 므 프헤뜨 앙 리브흐] 너는 나에게 책을 빌려준다.

• emprunter [엉프항떼] v. 빌리다 / emprunter à 사람: ~에게 빌리다
▶ Je t'emprunte un livre. [쥬 떵프항뜨 앙 리브흐] 나는 너에게 책을 빌린다.

France

문화 탐방 프랑스의 서머 타임

시간 · 날짜

여러분, '서머 타임' 또는 '일광 절약 시간제'를 아시나요? 프랑스에서는 1976년을 시작으로 지금까지 한 해에 두 번씩 시간을 변경하는 제도가 시행되고 있답니다.

3월의 마지막 주 토요일에서 일요일로 넘어가는 새벽 2시에 프랑스인들은 시곗바늘을 새벽 3시로 바꾼답니다. 기존 시간대를 여름철 시간대로 변경하는 것이죠. 그리고 10월의 마지막 주 토요일에서 일요일로 넘어가는 새벽 3시에는 새벽 2시로 한 시간을 다시 바꿔요. 겨울철 시간대 즉, 기존 시간대로 재변경하기 위해서랍니다.

이러한 시간 변경 제도가 프랑스를 비롯하여 전 유럽 국가에서 시행된 계기는 바로 에너지 절약 때문이었습니다. 일조량이 많아지는 봄 시즌에 하루를 한 시간 빨리 시작하면 그만큼 해가 뜨고 지는 리듬에 자연스럽게 맞춰지게 되죠. 사람들이 자연광을 쐬며 아침을 맞이하고 해가 지면 일찍 잠자리에 들면서 전기 에너지를 덜 쓰게 되는 원리를 이용한 것입니다. 이를 통해 에너지 절약이라는 국가적 이익은 보게 되었으나 그 효과는 매우 미미했어요. 게다가 생체 리듬이 바뀌면서 개개인이 겪는 부작용도 나타나기 시작했고요. 매일 같은 시각에 일과를 시작하는 직장인이나 학생들에게 수면 시간은 매우 예민한 이슈인데요. 서머 타임이 시작됨과 동시에 평소보다 수면 시간이 한 시간 줄어들면서 수면 부족으로 인한 집중력 하락이나 우울감 등 신체적으로나 정신적으로 건강과 관련된 문제들이 하나둘씩 나타나게 되었습니다.

이러한 부분들을 고려하여 유럽연합은 2018년 하반기에 회원국 시민들을 대상으로 서머 타임을 유지할 것인지 폐지할 것인지 대대적인 설문을 진행했습니다. 설문 대상 중 무려 80% 이상이 폐지를 원한다고 답했죠. 그리하여 2019년 3월, 유럽연합은 올해 2021년을 마지막으로 서머 타임 제도를 폐지하겠다고 선언했답니다. 이제 프랑스에서도 2021년 3월과 10월을 마지막으로 시간을 조정하느라 알람을 맞추는 번거로움은 사라지겠네요!

Partie 04 당신은 어디 출신이세요?

학습 목표 시간 / '~에 도착한다' / '~에서 나간다' / 출신 말하기

D'où venez-vous ?

Leçon

09

Il est cinq heures de l'après-midi.

오후 5시입니다.

학습 |
단어

heure [외흐] n.f. 시간 | **matin** [마땅] n.m. 아침 | **après-midi** [아프헤 미디] n.m. 오후 | **soir** [수아흐] n.m. 저녁 | **midi** [미디] n.m. 정오 | **minuit** [미뉘] n.m. 자정 | **à tout à l'heure** [아 뚜딸뢰흐] 이따 봐

ÉTAPE 01 지난 시간 떠올리기

▶ 지난 시간 학습했던 내용들을 떠올려 볼까요?

1 **간접목적보어 인칭대명사 활용**

지금까지 총 네 강에 걸쳐 직접목적보어와 간접목적보어 인칭대명사에 대해 공부했고, 지난 시간에는 동사가 2개인 경우의 간접목적보어 위치까지 학습했습니다. 잘 기억하고 계시지요? 새로운 내용을 배우기 전에, 지난 시간에 학습했던 간접목적보어 활용 문장들을 다시 한번 떠올려 보도록 해요.

- 나는 너에게 전화한다. → Je te téléphone.

- 그는 그들에게 자주 전화한다. → Il leur téléphone souvent.

- 나는 당신에게 메시지를 남긴다. → Je vous laisse un message.

- 당신은 나에게 한마디를 남긴다. → Vous me laissez un mot.

- 나는 너에게 전화하기를 원한다. → Je veux te téléphoner.

- 당신은 그녀에게 메시지를 남기기를 원하세요?
  → Vous voulez lui laisser un message ?

🏔️오늘의 미션 학습이 끝나면 이 문장을 완벽하게 말할 수 있어요!

A: 지금 몇 시니?

B: 오후 5시야.

🢒 숫자 **58 cinquante-huit** [쌍껑뜨 위뜨]

ÉTAPE 02 오늘의 학습

▶ 오늘 배울 내용들을 살펴보고, 머릿속에 차곡차곡 담아 볼까요?

1 시간 l'heure [뢰흐]

이번 시간에는 시간을 표현하는 방법을 알려드리겠습니다. '(지금은) ~시이다'라는 표현을 해 볼 텐데요. '~시'를 말하기 위해 먼저 시간 명사를 정관사와 함께 다뤄 보려고 해요. '시간'은 여성 명사이기 때문에 관사도 여성형 la를 사용해야 하고, 무음 h로 시작하는 명사이므로 정관사와 축약이 일어나 l'heure라고 쓴답니다.

2 ~시: 숫자 + heure(s)

'~시'를 표현하기 위해서는 숫자 뒤에 heure를 붙여 주면 됩니다. 아주 간단하죠? 이때 주의할 점이 두 가지 있는데요. 'heure(시간)'는 여성 명사이기 때문에 숫자 1을 une로 써 준다는 것, 그리고 1 이상의 숫자를 쓰는 경우 복수로 취급하여 heure 뒤에도 s를 붙여 준다는 규칙이 중요해요. 그럼 지금부터 함께 1시부터 24시까지 차근차근 읽어 봅시다. 숫자와 heure(s) 간 연음에 주의해 주세요!

✔ 1시	➡ une heure

> **Tip** heure는 여성 명사이므로 '1시'를 나타낼 때 une heure라고 씁니다.

✔ 2시	➡ deux heures
✔ 3시	➡ trois heures
✔ 4시	➡ quatre heures
✔ 5시	➡ cinq heures
✔ 6시	➡ six heures
✔ 7시	➡ sept heures
✔ 8시	➡ huit heures
✔ 9시	➡ neuf heures
✔ 10시	➡ dix heures
✔ 11시	➡ onze heures

✓ 12시   → douze heures = 정오 midi [미디]

Tip 구어에서는 '12시'보다 '정오'라는 표현을 더 많이 사용합니다.

✓ 13시   → treize heures

✓ 14시   → quatorze heures

✓ 15시   → quinze heures

✓ 16시   → seize heures

✓ 17시   → dix-sept heures

✓ 18시   → dix-huit heures

✓ 19시   → dix-neuf heures

✓ 20시   → vingt heures

✓ 21시   → vingt et une heures

✓ 22시   → vingt-deux heures

✓ 23시   → vingt-trois heures

✓ 24시   → vingt-quatre heures = 자정 minuit [미뉘]

Tip 구어에서는 '24시'보다 '자정'이라는 표현을 더 많이 사용합니다.

③ (지금은) ~시이다: Il est + 숫자 + heure(s)

1시부터 24시까지의 시간은 완벽하게 말할 수 있게 되었으니 이제 제대로 된 문장을 만들어 볼 차례입니다. 프랑스어는 시간을 이야기할 때 비인칭 구문 'Il est ~'를 사용한답니다. Il est 뒤에 시간을 붙여서 몇 시인지 얘기해 볼까요?

✓ 1시이다.   → Il est une heure.

✓ 3시이다.   → Il est trois heures.

✔ 12시이다.	→ Il est douze heures.
= 정오이다.	= Il est midi.

✔ 14시이다.	→ Il est quatorze heures.
✔ 21시이다.	→ Il est vingt et une heures.
✔ 자정이다.	→ Il est minuit.

이번에는 추가로 '오전의, 오후의, 저녁의'에 해당하는 표현들을 알려드리겠습니다. 프랑스는 기본적으로 24시간제를 사용하기 때문에 오후 1시를 13시, 오후 4시를 16시 등으로 표현하는데요. 앞서 언급한 것과 같이 '오전의, 오후의, 저녁의'에 해당하는 프랑스어를 활용하여 12시간제로도 시간을 나타낼 수 있습니다. 함께 읽어 볼까요?

✔ 오전의	→ du matin [뒤 마땡]
✔ 오후의	→ de l'après-midi [드 라프헤 미디]
✔ 저녁의	→ du soir [뒤 수아흐]

✔ 오전 11시이다.	→ Il est onze heures du matin.
✔ 오후 5시이다.	→ Il est cinq heures de l'après-midi.
✔ 저녁 9시이다.	→ Il est neuf heures du soir.

(지금은) ~시 ~분이다: Il est + 숫자 + heure(s) + 숫자

이번에는 몇 분인지 말해 볼 텐데요. 'Il est ~ heure(s)' 뒤에 숫자만 덧붙이면 '(지금은) ~시 ~분이다'라는 표현 완성! 아래 예문을 통해 함께 익혀 봅시다.

✔ 7시 15분이다.	→ Il est sept heures quinze.
✔ 10시 30분이다.	→ Il est dix heures trente.

🦷 22시 45분이다.	⇒ Il est vingt-deux heures quarante-cinq.
🦷 지금 몇 시니?	⇒ Il est quelle heure ? = Quelle heure est-il ?

Tip 의문문에서 'quel(le)+명사'가 문두에 오면 주어와 동사가 도치됩니다.

ÉTAPE **대화로 말해 보기**

▶ 오늘 배운 문장들을 활용하여 대화를 나눠 봐요!

A	지금 몇 시니?	⇒ Il est quelle heure ?
B	아침 9시야.	⇒ Il est neuf heures du matin.
	우리는 학교에 가야 해.	On doit aller à l'école.

A	지금 몇 시니?	⇒ Quelle heure est-il ?
B	자정이야.	⇒ Il est minuit.
A	나는 그녀에게 전화하고 싶어.	⇒ Je veux lui téléphoner.
B	안 돼, 너는 내일 그녀에게 전화해야 해.	⇒ Non, tu dois lui téléphoner demain.

🧪 미션 확인 오늘의 핵심 문장을 완벽하게 외워 봅시다.

A: 지금 몇 시니?	⇒ Quelle heure est-il ?
B: 오후 5시야.	⇒ Il est cinq heures de l'après-midi.

ÉTAPE **04** **연습 문제**

▶ 문제를 풀어 보면서 공부한 내용들을 완전히 내 것으로 만들어 봐요!

1 **밑줄에 들어갈 알맞은 시간 표현을 프랑스어로 써 보세요.**

1. 오후 1시 _____

2. 저녁 9시 _____

3. 7시 15분 _____

4. 22시 45분 _____

5. 자정 _____

2 **주어진 낱말들로 문장을 만들어 보세요.**

1. 오전 9시이다. (neuf / il / du / heures / est / matin)

_____

2. 지금 몇 시니? (- / est / quelle / il / heure) (도치 의문문)

_____

3. 오후 3시이다. (l' / heures / est / après-midi / il / trois / de)

_____

4. 14시 15분이다. (quatorze / est / quinze / il / heures)

_____

3 **해석을 참고하여 프랑스어로 작문해 보세요.**

1. 지금 몇 시니? (평서문+ ?)

_____

2. 아침 9시야.

_____

3. 오후 5시야.

_____

4. 자정이야.

_____

5. 7시 15분이야.

_____

6. 10시 30분이야.

_____

4 **다음 중 알맞은 문장을 골라 체크해 보세요.**

1. 6시 30분이다.
(a. Il est huit heures trente. / b. Il est six heures trente.)

2. 4시 15분이다.
(a. Il est quatre heures quinze. / b. Il est quinze heures quarante.)

3. 자정이다.
(a. Il est midi. / b. Il est minuit.)

4. 12시 45분이다.
(a. Il est douze heures quarante. / b. Il est douze heures quarante-cinq.)

5. 17시 40분이다.
(a. Il est dix-sept heures quarante. / b. Il est seize heures quarante.)

정답

1 1. une heure de l'après-midi 2. neuf heures du soir 3. sept heures quinze 4. vingt-deux heures quarante-cinq 5. minuit

2 1. Il est neuf heures du matin. 2. Quelle heure est-il ? 3. Il est trois heures de l'après-midi. 4. Il est quatorze heures quinze.

3 1. Il est quelle heure ? 2. Il est neuf heures du matin. 3. Il est cinq heures de l'après-midi. 4. Il est minuit. 5. Il est sept heures quinze. 6. Il est dix heures trente.

4 1. b 2. a 3. b 4. b 5. a

ÉTAPE 05 표현 더하기

▶ 오늘 배운 내용과 관련된 다양한 표현을 익혀 봐요!

이따 봐!
À tout à l'heure ! [아 뚜딸뢰흐]

à tout à l'heure는 '이따 봐'라는 의미로, 잠시 후에 다시 만나는 경우에 사용하는 표현이에요. 다음 만남에 대한 기약이 확실치 않은 '또 봐, 다음에 봐'라는 표현들과는 뉘앙스가 조금 다르기 때문에 꼭 하루 안에 다시 보게 될 경우에만 사용하셔야 한답니다. 유사한 표현으로는 'à tout suite [아 뚜 쉬뜨]'가 있는데요. à tout suite는 à tout à l'heure보다 더 가까운 미래에 다시 만날 때 씁니다. 비슷한 듯 조금은 다른 두 표현을 배웠으니, 각 문장을 상황에 맞게 적절히 사용해 보세요!

♥ 클라라 선생님의 꿀팁

지금 몇 시인가요?

오늘은 시간을 나타내는 다양한 표현들을 학습하고 더 나아가 시간을 묻는 의문문까지 만들어 보았는데요. 만약 낯선 사람에게 시간을 물어봐야 하는 상황이 생긴다면 다짜고 짜 '지금 몇 시입니까?'하고 직설적으로 묻기에는 다소 부담스러울 수 있겠죠. 그래서 이럴 때 사용할 수 있는 완곡한 의문 표현을 한 가지 알려드리려고 합니다. 'avoir(가지다)' 동사를 활용하여 만들 수 있는 이 표현, 같이 읽어 볼까요?

- **Tu as l'heure ?** [뛰 아 뢰흐]
- **Vous avez l'heure ?** [부자베 뢰흐]

직역하면 '너는 시간이 있니?, 당신은 시간이 있나요?'지만 위 예문에서 의미하는 시간은 만남을 위한 시간이 아닌 '정보'를 뜻합니다. 누군가가 여러분에게 이와 같은 표현을 쓴다면 데이트를 신청하는 것으로 오해하지 마시고, 몇 시인지 친절하게 알려주시면 된답니다.

문화탐방　프랑스의 결혼 관습 1

결혼 문화

인생에서 제일 중요한 일 중 하나인 결혼식, 프랑스의 결혼 문화에는 어떠한 것들이 있을까요? 이번 시간에는 우리나라와 사뭇 다른 프랑스 결혼 관습 몇 가지를 알아보도록 하겠습니다.

1. 시청 결혼식

식장에서 결혼식을 올리는 것과 별개로 시청이나 구청에 들러 혼인신고를 하는 우리나라와는 달리, 프랑스는 시청에서 공식적인 결혼식을 치른답니다. 시장 앞에서 함께 서류에 사인을 하고 마지막으로 시장의 서명도 받아야 하기 때문에 원하는 날짜에 식을 올리려면 몇 달 전부터 예약이 필요해요. 시청에서 공식적인 결혼식을 마치고 나면, 하객들과 함께 피로연 장소로 이동하거나 종교에 따라 성당이나 교회에서 두 번째 결혼식을 올리기도 합니다. 생각보다 단계가 많죠?

2. 입장 순서

요즘은 더 다양해졌지만 우리나라 결혼식은 양가 어머님이 함께 먼저 식장으로 들어오고 나면 신랑이 박수갈채를 받으며 입장하고, 그 뒤를 이어 신부가 신부의 아버지와 함께 입장을 하는 경우가 많은 편이었어요. 하지만 프랑스의 결혼식은 입장 순서와 방식이 다르답니다. 가장 먼저 신랑과 신랑의 어머니가 함께 입장, 그 뒤를 이어 신랑의 아버지와 신부의 어머니가 함께 들어옵니다. 마지막으로 아름다운 신부가 신부의 아버지와 함께 입장한답니다.

식을 올리는 장소나 입장 순서 등 우리나라 결혼식 문화와는 꽤 다른 프랑스의 문화를 알아보았습니다. 다음 시간에는 전통적인 프랑스 결혼 관습에 대해 더 자세히 알아보도록 해요.

Leçon 10

J'y arrive.
나는 그곳에 도착합니다.

학습 목표	• ARRIVER(도착하다) 동사의 단수·복수 인칭 학습하기 • 왕래발착 동사와 중성 대명사 Y 활용하기

학습 단어	**bureau** [뷔호] n.m. 사무실 | **piscine** [삐씬느] n.f. 수영장 | **on y va** [오니 바] 가자(시작하자)

ÉTAPE 01 지난 시간 떠올리기

▶ 지난 시간 학습했던 내용들을 떠올려 볼까요?

 시간 표현

지난 시간에는 비인칭 구문 'il est ~'를 활용한 시간 표현을 학습해 보았습니다. 1시를 제외한 나머지 시간은 숫자 뒤 heure를 복수 형태로 사용한다는 점, 또 구어에서는 '12시/24시이다'보다 'midi(정오)'와 'minuit(자정)'를 활용하여 '정오/자정이다'라는 표현을 더 자주 사용한다는 점도 모두 기억하고 있겠죠? 배운 내용을 활용하여 자유자재로 시간을 표현할 수 있도록 다시 한번 상기해 봅시다.

☝ 1시이다.	➡ Il est une heure.
☝ 정오이다.	➡ Il est midi.
☝ 오전 11시이다.	➡ Il est onze heures du matin.
☝ 오후 5시이다.	➡ Il est cinq heures de l'après-midi.
☝ 저녁 9시이다.	➡ Il est neuf heures du soir.
☝ 22시 45분이다.	➡ Il est vingt-deux heures quarante-cinq.

⚑ 오늘의 미션   학습이 끝나면 이 문장을 완벽하게 말할 수 있어요!

나는 그곳에 도착해.

☝ 숫자 **59 cinquante-neuf** [쌍껑뜨 뇌프]

ÉTAPE 02 오늘의 학습

▶ 오늘 배울 내용들을 살펴보고, 머릿속에 차곡차곡 담아 볼까요?

① 도착하다 arriver [아히베]

이번 시간에는 '~에 도착하다'라는 표현을 만들어 보겠습니다. 그러기 위해서는 먼저 '도착하다' 라는 의미를 지닌 동사부터 배워야겠죠? 1군 규칙 동사에 해당하는 arriver 동사의 단수·복수 인칭 변형을 배워 볼까요? 모음으로 시작하는 동사이므로 주어와 동사 사이의 모음 축약과 연음에 주의해 주세요!

주어는	도착한다
J'	arrive [쟈히브]
Tu	arrives [아히브]
Il / Elle	arrive [아히브]
On	
Nous	arrivons [아히봉]
Vous	arrivez [아히베]
Ils / Elles	arrivent [아히브]

 Tip 영어의 to arrive에 해당하는 1군 규칙 동사입니다.

1) ~에 도착하다: arriver + à 장소 명사

arriver 동사의 변형 형태를 마스터했으니 이제 본격적으로 문장을 만들어 봅시다. '~에 도착하다'라는 표현을 하기 위해서는 전치사 à를 활용해야 하는데요. arriver à 뒤에 장소 명사를 붙이면 문장이 완성된답니다. 이때 장소 명사는 주로 정관사와 함께 쓰인다는 것을 기억해 주세요! 일상생활에서 자주 오가는 장소 명사 두 가지를 사용하여 문장을 만들어 볼까요?

사무실	수영장
le bureau	la piscine
[르 뷔호]	[라 삐씬느]

 Tip 전치사 à와 정관사 축약에 주의해 주세요.

✔ 나는 사무실에 도착한다. → J'arrive au bureau.

✔ 너는 사무실에 도착한다. → Tu arrives au bureau.

✔ 우리는 수영장에 도착한다. → Nous arrivons à la piscine.

✔ 당신은 수영장에 도착한다. → Vous arrivez à la piscine.

 ### 2 중성 대명사 y

'너는 사무실에 가니?'라고 누군가 묻는다면 '응, 나는 사무실에 가'라고 말할 수도 있겠지만 더 간단하게 '응, 나는 그곳에 가'라고 대답할 수도 있겠죠? 이때 유용하게 사용할 수 있는 것이 바로 중성 대명사 y입니다. 중성 대명사 y는 앞서 제시된 장소 즉, 전치사 à, chez, devant, derrière 등을 동반한 장소 명사들을 대체하며 '그곳에'라고 해석되는데요. 대명사이기 때문에 동사 앞에 위치하고, 부정문을 만들 때에는 '대명사+동사'를 하나로 묶어 그 앞뒤로 ne pas를 붙여 준다는 점을 떠올리면서, y를 활용한 다양한 표현을 만들어 봅시다.

> **중성 대명사 y의 특징**
> - 앞서 제시된 장소를 대체, '그곳에'로 해석 ▶ 전치사(à, chez, devant, derrière...) + 명사
> - 동사 앞에 위치 ▶ 주어 + 대명사 + 동사
> - 부정문에서 '대명사 + 동사' 앞뒤로 ne pas 붙이기 ▶ ne 대명사 + 동사 pas

✔ 나는 사무실에 도착한다. → J'arrive au bureau.

✔ 나는 그곳에 도착한다. → J'y arrive.

✔ 나는 그곳에 도착하지 않는다. → Je n'y arrive pas.

Tip 주어와 중성 대명사 y의 모음 축약과 연음에 주의해 주세요.

✔ 당신은 수영장에 도착한다. → Vous arrivez à la piscine.

✔ 당신은 그곳에 도착한다. → Vous y arrivez.

✔ 당신은 그곳에 도착하지 않는다. → Vous n'y arrivez pas.

🐰 나는 레스토랑에 간다.	➡ Je vais au restaurant.
🐰 나는 그곳에 간다.	➡ J'y vais.
🐰 너는 영화관에 간다.	➡ Tu vas au cinéma.
🐰 너는 그곳에 간다.	➡ Tu y vas.

🐰 우리는 사무실에 간다.	➡ On va au bureau.
🐰 우리는 그곳에 간다.	➡ On y va.
🐰 당신은 우체국 앞에 있다.	➡ Vous êtes devant la poste.
🐰 당신은 그곳에 있다.	➡ Vous y êtes.
🐰 그들은 나의 집에 있다.	➡ Ils sont chez moi.
🐰 그들은 그곳에 있다.	➡ Ils y sont.

3 ~하기 위해: pour + 동사원형

마지막으로 '~하기 위해 그곳에 간다'와 같이 목적을 나타내는 표현을 만들기 위해 'pour+동사원형'을 활용해 볼까요? 문장의 끝에 'pour+동사원형'을 추가해 주세요.

🐰 나는 식사하기 위해 그곳에 간다.	➡ J'y vais pour manger.
🐰 너는 영화를 보기 위해 그곳에 간다.	➡ Tu y vas pour voir un film.
🐰 우리는 일하기 위해 그곳에 간다.	➡ On y va pour travailler.

🐰 당신은 Julie를 보기 위해 그곳에 있다.	➡ Vous y êtes pour voir Julie.
🐰 당신은 그녀를 보기 위해 그곳에 있다.	➡ Vous y êtes pour la voir.
🐰 그들은 요가를 하기 위해 그곳에 있다.	➡ Ils y sont pour faire du yoga.

대화로 말해 보기

▶ 오늘 배운 문장들을 활용하여 대화를 나눠 봐요!

A | 너는 사무실에 도착하니?   ➡ Tu arrives au bureau ?

B | 응, 나는 그곳에 도착해.   ➡ Oui, j'y arrive.

    너는 레스토랑에 가니?   Vas-tu au restaurant ?

A | 응, 나는 식사하기 위해 그곳에 가.   ➡ Oui, j'y vais pour manger.

A | 당신은 우체국 앞에 있으세요?   ➡ Êtes-vous devant la poste ?

B | 네, 나는 Julie를 보기 위해   ➡ Oui, j'y suis pour voir Julie.
    그곳에 있어요.

⚠ 미션 확인   오늘의 핵심 문장을 완벽하게 외워 봅시다.

나는 그곳에 도착해.   ➡ J'y arrive.

ÉTAPE 04 연습 문제

▶ 문제를 풀어 보면서 공부한 내용들을 완전히 내 것으로 만들어 봐요!

1 밑줄에 들어갈 알맞은 단어를 정관사와 함께 써 보세요.

1. 사무실

2. 수영장

2 주어진 낱말들로 문장을 만드세요.

1. 우리는 수영장에 도착한다. (à / piscine / la / arrivons / nous)

2. 너는 영화를 보기 위해 그곳에 간다. (vas / film / tu / pour / un / voir / y)

3. 그들은 요가를 위해 그곳에 있다. (y / faire / ils / yoga / sont / pour / du)

4. 당신은 Julie를 보기 위해 그곳에 있다. (vous / Julie / êtes / pour / y / voir)

3 해석을 참고하여 프랑스어로 작문해 보세요.

1. 너는 사무실에 도착하니?

2. 응, 나는 그곳에 도착해.

3. 나는 식사하기 위해 그곳에 가.

4 주어진 명사를 활용하여 문장을 만들어 보세요.

> hôtel [오뗄] n.m. 호텔 | hôpital [오삐딸] n.m. 병원

1. 너는 호텔에 도착한다. _____

2. 그들은 호텔에 도착한다. _____

3. 당신은 병원에 도착한다. _____

4. 그녀들은 병원에 도착한다. _____

5 다음 중 알맞은 문장을 골라 체크해 보세요.

1. 나는 사무실에 도착한다.
(a. J'arrive au bureau. / b. J'arrive au restaurant.)

2. 그들은 그곳에 있다.
(a. Elles y sont. / b. Ils y sont.)

3. 그는 식사하기 위해 그곳에 간다.
(a. Il y va pour faire du yoga. / b. Il y va pour manger.)

4. 우리는 영화를 보기 위해 그곳에 간다.
(a. On y va pour voir un film. / b. On y va pour travailler.)

정답

1 1. le bureau 2. la piscine

2 1. Nous arrivons à la piscine. 2. Tu y vas pour voir un film. 3. Ils y sont pour faire du yoga. 4. Vous y êtes pour voir Julie.

3 1. Tu arrives au bureau ? 2. Oui, j'y arrive. 3. J'y vais pour manger.

4 1. Tu arrives à l'hôtel. 2. Ils arrivent à l'hôtel. 3. Vous arrivez à l'hôpital. 4. Elles arrivent à l'hôpital.

5 1. a 2. b 3. b 4. a

표현 더하기

▶ 오늘 배운 내용과 관련된 다양한 표현을 익혀 봐요!

가자! (시작하자!)
On y va ! [오니 바]

on y va는 직역하면 '우리는 그곳에 간다'지만 일상적인 대화 속에서는 '가자, 시작하자'라는 의미로 자주 사용되는 표현이에요. 예를 들어 친구들과 함께 카페에 앉아 있다가 버스 도착 시간이 다 돼서 떠나야 할 때에는 '가자'라는 의미로, 결단을 내리고 계획한 일을 시작할 때에는 '시작하자'라는 의미로 해석할 수 있답니다. 다양한 상황에서 쓸 수 있는 표현이니 기억해 두었다가 사용해 보세요.

❗ 클라라 선생님의 꿀팁

arriver 동사의 활용

프랑스 영화나 드라마를 유심히 보다 보면 주인공이 부랴부랴 나갈 준비를 하는 장면과 동시에 문 앞에서 자신을 재촉하며 기다리는 친구에게 j'arrive라고 외치는 장면을 자주 볼 수 있는데요. 불과 몇 미터 떨어진 문 앞에서 자신을 기다리는 친구에게 '나 도착해'라고 하는 이유는 무엇일까요?

arriver는 '도착하다'라는 동사이므로, j'arrive를 직역하면 '나 도착해'지만, 상황에 따라 영어의 i'm coming과 같은 의미로 '지금 가'로 해석되기도 한답니다. 즉, 어느 특정 지점에서 다른 한 지점으로 도착한다는 의미만 지니는 것이 아니라, 기다리는 상대에게 '금방 간다'라는 의미로 사용되는 구어적인 표현인 것이죠. 일상에서 매일 들을 수 있는 활용도 높은 표현이니 잘 기억해 두면 유용하게 쓸 수 있을 거예요.

France

문화 탐방 — 프랑스의 결혼 관습 2

결혼
문화

지난 시간에 이어 프랑스의 결혼 문화에 대해 이야기해 볼 텐데요. 이번에는 역사적인 의미가 담긴 전통 결혼 관습을 더 깊이 알아보려고 해요. 출발해 볼까요?

1. 신부의 4가지 물건

영국에서 행하던 오랜 전통으로 19세기 무렵부터 프랑스에서도 행해지기 시작한 이 관습은 결혼식 당일 신부의 소품과 관련이 깊습니다. 신부는 식 당일 '오래된 것, 새 것, 빌린 것, 파란 것'을 하나씩 몸에 지니고 있어야 하는데요. 각각의 물건은 '가족 간의 유대, 성공, 행운과 부부 간의 충성심'을 상징한답니다.

2. 쌀 던지기

고대 문명에서부터 내려온 관습으로, 신랑 신부가 행진 끝에 교회나 시청 문턱을 넘을 때 신랑 신부의 풍요와 번영을 기원하며 하객들이 쌀을 던진답니다. 여러분도 외국 영화나 드라마에서 자주 본 풍경이죠? 요즘은 라벤더나 장미 잎, 비누방울로 대체하는 경우도 많아요.

3. 신부의 위치

프랑스 결혼식에서 신부는 늘 신랑의 왼쪽에 서는 것을 볼 수 있습니다. 이는 아주 먼 옛날, 오른손으로 검을 쓰던 시대부터 내려오는 전통인데요. 신부를 빼앗으려는 다른 경쟁자들과 싸움을 하기 위해 오른손에는 검을 들고, 왼편에는 신부를 두던 습관이 지금까지 이어진 것이랍니다.

두 차례에 걸쳐 프랑스 결혼 문화에 대해 알아보았는데요. 시대가 변함에 따라 선택적으로 행해지는 관습들이기도 하지만, 이를 통해 프랑스인들의 결혼관과 사고방식을 엿볼 수 있어요. 프랑스 지인의 결혼식에 초대된다면 우리가 알아본 관습 중 어떤 것들이 행해지는지 유심히 한번 살펴보세요!

Leçon
11

Je sors de la gare.
나는 기차역에서 나갑니다.

학습 | 목표	• SORTIR(나가다) 동사의 단수·복수 인칭 학습하기
	• 전치사 DE와 장소 명사, 중성 대명사 EN 활용하여 말하기

학습 | 단어	**gare** [갸흐] n.f. 기차역 | **station de métro** [스따씨옹 드 메트호] n.f. 지하철역 |
	allô [알로] 여보세요

1 중성 대명사 y

앞서 언급된 '전치사 à, chez, devant, derrière+장소 명사'를 대체하는 중성 대명사 y를 다시 한번 복습해 볼까요? 문장 속에서 대명사의 위치와 부정문일 때 ne pas의 위치가 어디인지 곱씹어 보면서 다음 문장을 함께 읽어 봅시다.

나는 그곳에 도착한다.	➡ J'y arrive.
당신은 그곳에 도착한다.	➡ Vous y arrivez.
나는 식사하기 위해 그곳에 간다.	➡ J'y vais pour manger.
우리는 일하기 위해 그곳에 간다.	➡ On y va pour travailler.

오늘의 미션 학습이 끝나면 이 문장을 완벽하게 말할 수 있어요!

A: 너는 어디에서 나오니?

B: 나는 기차역에서 나가.

숫자 **60 soixante** [수아썽뜨]

나가다 sortir [쏘흐띠흐]

지난 시간에는 arriver 동사와 '전치사 à+장소 명사'를 활용하여 '~에 도착하다'라는 표현을 만들었다면, 이번 시간에는 sortir 동사와 '~에서, ~로부터'를 뜻하는 전치사 de를 활용하여 '~에서 나가다'라는 표현을 만들어 보겠습니다. 먼저, 3군 불규칙 동사인 sortir 동사의 단수·복수 인칭 변형부터 차근차근 배워 볼까요?

주어는	나간다
Je	sors [쏘흐]
Tu	sors [쏘흐]
Il / Elle	sort [쏘흐]
On	
Nous	sortons [쏘흐똥]
Vous	sortez [쏘흐떼]
Ils / Elles	sortent [쏘흐뜨]

Tip 영어의 to go out에 해당하는 3군 불규칙 동사입니다. sortir를 빨리 읽으면 [쏙띠흐]로 발음됩니다.

~에서 나가다: sortir de + 장소 명사

1) 전치사 de + 정관사

동사의 학습을 마쳤으니, 이번에는 '전치사 de+장소 명사'를 활용하여 '~에서 나가다'라는 표현을 만들어 볼 차례입니다. 전치사 뒤에 오는 장소 명사들은 주로 정관사를 사용한다는 것, 기억하고 계시죠? 먼저 전치사 de와 정관사의 축약부터 배워 보도록 해요.

남성 단수	여성 단수	복수
du	de la	des
[뒤]	[들라]	[데]

2) 장소 명사

기차역	지하철역
la gare [라 갸흐]	la station de métro [라 스따씨옹 드 메트호]

- 나는 기차역에서 나간다. → Je sors de la gare.
- 너는 기차역에서 나간다. → Tu sors de la gare.
- 그는 지하철역에서 나간다. → Il sort de la station de métro.
- 그녀는 지하철역에서 나간다. → Elle sort de la station de métro.
- 우리는 레스토랑에서 나간다. → Nous sortons du restaurant.
- 당신은 레스토랑에서 나간다. → Vous sortez du restaurant.
- 그들은 영화관에서 나간다. → Ils sortent du cinéma.
- 그녀들은 영화관에서 나간다. → Elles sortent du cinéma.

3 중성 대명사 en

누군가가 '너는 영화관에서 나가니?'라고 물으면, 굳이 '영화관'이라는 장소를 반복하지 않고 '응, 나는 그곳에서 나가'라고 간단하게 말할 수도 있겠죠? 이때 사용할 수 있는 중성 대명사 en을 알려드리겠습니다. 지난 시간에 학습했던 중성 대명사 y는 'à, chez, devant, derrière+장소 명사'를 대체했다면 이번 시간에 배울 중성 대명사 en은 'de+장소 명사'를 대체하며 '그곳에서'로 해석된답니다. 중성 대명사도 대명사의 한 종류이기 때문에 대명사의 특징을 그대로 갖고 있어요. 동사의 앞에 위치하고 부정문일 때 '대명사+동사' 앞뒤로 ne pas가 붙습니다. '그곳에서 나가다'라는 표현을 함께 만들어 볼까요?

중성 대명사 en 특징

- '전치사 de + 장소 명사'를 대체, '그곳에서'로 해석
  ex) du restaurant, de la gare ▶ en
- 동사 앞에 위치 ▶ 주어 + 대명사 + 동사
- 부정문에서 '대명사 + 동사' 앞뒤로 **ne pas** 붙이기 ▶ **ne** 대명사 + 동사 **pas**

✔ 나는 집에서 나간다.   ➡ Je sors de la maison.

✔ 나는 그곳에서 나간다.   ➡ J'en sors.

✔ 나는 그곳에서 나가지 않는다.   ➡ Je n'en sors pas.

✔ 우리는 카페에서 나간다.   ➡ On sort du café.

✔ 우리는 그곳에서 나간다.   ➡ On en sort.

✔ 우리는 그곳에서 나가지 않는다.   ➡ On n'en sort pas.

 활용

'sortir(나가다)' 동사뿐만 아니라 3과에서 배웠던 'partir(떠나다)' 동사 뒤에서도 'de+장소'를 표현하는 것이 가능했죠? 이번에는 'de+장소'를 중성 대명사 en으로 대체하여 문장을 만들어 봅시다.

✔ 나는 리옹에서 떠난다.   ➡ Je pars de Lyon.

✔ 나는 그곳에서 떠난다.   ➡ J'en pars.

✔ 나는 그곳에서 떠나지 않는다.   ➡ Je n'en pars pas.

✔ 너는 어디에서 나오니?   ➡ Tu sors d'où ?
                                    = D'où sors-tu ?

Tip   d'où는 전치사 de가 '어디'라는 뜻의 의문사 où와 만나 축약된 형태로, '어디에서, 어디로부터'를 의미합니다.

대화로 말해 보기

ÉTAPE 03

▶ 오늘 배운 문장들을 활용하여 대화를 나눠 봐요!

A | 너는 어디에서 나오니? → D'où sors-tu ?

B | 나는 기차역에서 나가. → Je sors de la gare.

너는 집에서 나가니? Tu sors de la maison ?

A | 응, 나는 영화관에 가기 위해 → Oui, j'en sors pour aller au
그곳에서 나가. cinéma.

미션 확인 오늘의 핵심 문장을 완벽하게 외워 봅시다.

A: 너는 어디에서 나오니? → D'où sors-tu ?

B: 나는 기차역에서 나가. → Je sors de la gare.

연습 문제

▶ 문제를 풀어 보면서 공부한 내용들을 완전히 내 것으로 만들어 봐요!

① **밑줄에 들어갈 알맞은 단어를 정관사와 함께 써 보세요.**

1. 기차역

_____

2. 지하철역

_____

② **주어진 낱말들로 문장을 만드세요.**

1. 나는 기차역에서 나간다. (sors / gare / je / de / la)

_____

2. 우리는 레스토랑에서 나간다. (du / sortons / nous / restaurant)

_____

3. 우리는 그곳에서 나가지 않는다. (pas / en / on / n' / sort)

_____

4. 나는 그곳에서 나가지 않는다. (en / sors / pas / n' / je)

_____

③ **해석을 참고하여 프랑스어로 작문해 보세요.**

1. 너는 어디에서 나오니? (도치 의문문)

_____

2. 나는 기차역에서 나가.

_____

3. 나는 영화관에 가기 위해 그곳에서 나가.

_____

4 주어진 명사를 활용하여 문장을 만들어 보세요.

> musée [뮈제] n.m. 박물관 | bureau [뷔호] n.m. 사무실

1. 나는 박물관에서 나간다. _____

2. 그녀는 박물관에서 나간다. _____

3. 당신은 사무실에서 나간다. _____

4. 그들은 사무실에서 나간다. _____

5 다음 중 알맞은 문장을 골라 체크해 보세요.

1. 너는 어디에서 나오니?
(a. D'où pars-tu ? / b. D'où sors-tu ?)

2. 나는 사무실에서 나간다.
(a Je sors du café. / b. Je sors du bureau.)

3. 우리는 그곳에서 나가지 않는다.
(a. On n'en sort pas. / b. On en sort.)

4. 그들은 기차역에서 나간다.
(a. Ils sortent de la gare. / b. Ils sortent de la station de métro.)

5. 당신은 집에서 나간다.
(a. Vous sortez du café. / b. Vous sortez de la maison.)

정답

1 1. la gare 2. la station de métro

2 1. Je sors de la gare. 2. Nous sortons du restaurant. 3. On n'en sort pas. 4. Je n'en sors pas.

3 1. D'où sors-tu ? 2. Je sors de la gare. 3. J'en sors pour aller au cinéma.

4 1. Je sors du musée. 2. Elle sort du musée. 3. Vous sortez du bureau. 4. Ils sortent du bureau.

5 1. b 2. b 3. a 4. a 5. b

ÉTAPE 05 표현 더하기

▶ 오늘 배운 내용과 관련된 다양한 표현을 익혀 봐요!

여보세요?
Allô ? [알로]

전화를 받으면 가장 먼저 하는 말, 바로 '여보세요'인데요. 아주 귀여운 발음의 프랑스어 allô가 바로 이 표현에 해당합니다. 가까운 지인으로부터 걸려 온 전화라면 이 말을 생략하고 바로 본론으로 넘어갈 수도 있겠지만, 모르는 번호로 전화가 걸려 온 경우에는 생략할 수 없는 기본 표현이니 꼭 알고 있어야겠죠? allô 뒤에 우리가 배웠던 'Qui est-ce ? / C'est qui ?(누구시죠?)'라는 표현을 덧붙여서 전화를 건 상대방이 누구인지 물어볼 수도 있으니 기억해 두었다가 한번 써 보세요.

❗클라라 선생님의 꿀팁

station의 활용

오늘 우리가 새로 배운 단어들 중에 '지하철역'을 뜻하는 **station de métro**가 있었습니다. 여성 명사인 **station**은 '정거장, 역'이라는 뜻을 지닐 뿐만 아니라 '방송국, 기지' 등 다양한 의미를 담고 있는데요. 그렇기 때문에 **station de** 뒤에 어떤 명사가 오느냐에 따라 그 의미가 달라진답니다. **station de** 뒤에 다양한 명사를 붙여서 각각 다른 단어를 만들어 볼까요?

- **station de radio** [스따씨옹 드 하디오]   라디오 방송국
- **station de télévision** [스따씨옹 드 뗄레비지옹]   텔레비전 방송국

- **station de métro** [스따씨옹 드 메트호]   지하철역
- **station de taxis** [스따씨옹 드 딱씨]   택시 정류장

문화 탐방
크리스마스의 수도 '스트라스부르'

지역 탐방

크리스마스 캐롤과 화려한 조명, 그리고 온갖 먹거리들이 즐비한 크리스마스 마켓을 떠올리면 가장 먼저 떠오르는 곳이 있습니다. 바로 프랑스 북동부에 위치한 스트라스부르(Strasbourg [스트하스부흐])라는 곳인데요. 이번 시간에는 이 도시에 대해 알아보도록 해요.

알자스(Alsace) 지방의 문화·경제적 요충지이자 유럽의회가 자리하고 있어 '유럽의 수도'라고도 불리는 스트라스부르는, 독일과 매우 가까운 국경 지대에 위치하기 때문에 프랑스와 독일, 두 나라의 문화가 고루 공존하는 도시랍니다. 이곳은 2000년 이상의 깊은 역사 덕분에 스트라스부르 노트르담 대성당(Cathédrale Notre-Dame de Strasbourg), 전통 가옥들을 그대로 간직하고 있는 쁘띠 프랑스(La Petite France) 등 세계문화유산으로 지정된 곳이 많아요. 크리스마스 마켓으로도 아주 유명하고요.

그렇다면 1570년도를 시작으로 매년 11월 말에서 12월 말까지 이어지는 크리스마스 마켓에서는 무엇을 구경할 수 있을까요? 가장 먼저, 맛 좋은 겨울철 수제 간식들을 만나 볼 수 있답니다. 그 중에서도 여러 향신료가 들어간 향료빵(pain d'épices)과 알자스 지방, 독일의 전통 과자인 브레첼(Bretzel)은 아주 인기가 좋은 간식이에요. 따끈한 뱅쇼(vin chaud)도 빠질 수 없겠죠?

크리스마스를 기다리며 집이나 트리를 멋지게 꾸미고 싶으신가요? 환하게 불을 밝힌 상점이나 길거리에 촘촘하게 늘어선 오두막 모양의 가게에서 장식을 위한 소품들, 각종 예술 공예품들을 쉽게 발견할 수 있습니다. 올 겨울 크리스마스는 사랑하는 가족, 친구, 연인과 함께 스트라스부르를 방문해 보는 건 어떨까요?

Leçon

12

D'où venez-vous ?

당신은 어디 출신이세요?

학습 | 목표
- VENIR(오다) 동사의 단수·복수 인칭 학습하기
- 전치사 DE를 활용하여 출신 묻고 답하기

학습 | 단어
ce soir [쓰 수아흐] 오늘 저녁 | **viens ici** [비앙 이씨] 여기로 와

ÉTAPE 01 지난 시간 떠올리기

▶ 지난 시간 학습했던 내용들을 떠올려 볼까요?

나가다 sortir / 중성 대명사 en

지난 시간에 학습한 3군 불규칙 동사 sortir와 'de+장소 명사'를 대체할 수 있는 중성 대명사 en, 머릿속에 잘 담아 두고 계시죠? 배웠던 내용들을 떠올리며 완전히 내 것으로 만들어 봅시다. 전치사 de와 정관사의 축약에 유의하면서 함께 읽어 볼까요?

나는 기차역에서 나간다.	→ Je sors de la gare.
우리는 레스토랑에서 나간다.	→ Nous sortons du restaurant.
나는 그곳에서 나간다.	→ J'en sors.
나는 그곳에서 떠난다.	→ J'en pars.

⚠ 오늘의 미션 학습이 끝나면 이 문장을 완벽하게 말할 수 있어요!

A: 당신은 어디 출신이세요?

B: 나는 한국 출신입니다.

> 숫자 61 soixante et un [수아썽떼 앙]

오늘의 학습

ÉTAPE 02

▶ 오늘 배울 내용들을 살펴보고, 머릿속에 차곡차곡 담아 볼까요?

① 오다 venir [브니흐]

이번 시간에는 영어의 to come에 해당하는 3군 불규칙 동사 venir를 배워 볼 텐데요. venir 동사는 불규칙 동사이기 때문에 동사원형과 인칭에 따른 동사 변형 형태가 크게 다르답니다. 이 점에 유의하면서 단수·복수 인칭 변화를 배워 봅시다.

주어는	온다
Je	viens [비앙]
Tu	viens [비앙]
Il / Elle	vient [비앙]
On	
Nous	venons [브농]
Vous	venez [브네]
Ils / Elles	viennent [비엔느]

② ~에서 오다/출신이다 venir de

동사 변형을 충분히 숙지했다면 이번에는 venir 동사와 전치사 de를 활용한 표현을 학습해 보도록 해요. 'venir de ~'는 말 그대로 '~에서 오다'라는 뜻이지만 '~ 출신이다'라는 뜻도 나타낼 수 있답니다. 영어로 출신을 물을 때 '~로부터'에 해당하는 전치사 from을 활용하듯, 프랑스어로도 전치사 de를 활용하여 상대방의 출신을 묻습니다. venir de 뒤에 도시명과 국가명을 붙여 출신을 이야기해 볼까요?

1) (도시)에서 오다/출신이다: **venir de + 도시**

🌱 나는 파리 출신이다.　　　　　　➡ Je viens de Paris.

🌱 너는 서울 출신이다.　　　　　　➡ Tu viens de Séoul.

🌱 그는 도쿄 출신이다.　　　　　　➡ Il vient de Tokyo.

> **Tip** 도시명 앞에는 관사가 붙지 않습니다.

2) (나라)에서 오다/출신이다: venir de + 국가명

이번에는 venir de 뒤에 국가명을 붙여서 '~ 나라에서 오다, ~ 출신이다'라는 표현을 만들어 보려고 해요. 전치사 de와 정관사는 축약이 일어난다는 점, 여러 번 반복해서 이젠 익숙하시죠? 그런데 예외가 한 가지 있습니다. 여성 국가명 앞에서는 de la가 아닌 de를 사용한답니다. 꼭 기억해 주세요!

❶ 전치사 de + 정관사

남성 단수	여성 단수	복수
du	de	des
[뒤]	[드]	[데]

✔ 우리는 한국 출신이다.　　　　　　　➡ Nous venons de Corée.

✔ 당신은 캐나다 출신이다.　　　　　　➡ Vous venez du Canada.

✔ 그들은 미국 출신이다.　　　　　　　➡ Ils viennent des États-Unis.

✔ 그녀들은 프랑스 출신이다.　　　　　➡ Elles viennent de France.

③ ~에 오다 venir à

venir 동사 뒤에 전치사 à를 붙여서 '~에 오다'라는 표현도 할 수 있습니다. 이 경우, 화자를 기준으로 상대가 오는 것이므로 화자가 해당 장소에 있어야 하는 것이 포인트랍니다. 예를 들어 '너는 파리에 온다'라고 말하는 경우, 화자도 파리에 있어야 하겠죠?

✔ 너는 파리에 온다.　　　　　　　➡ Tu viens à Paris.

✔ 그는 기차역에 온다.　　　　　　➡ Il vient à la gare.

~와 함께 가다 venir avec

venir 동사 뒤에 '~와 함께'라는 뜻의 전치사 avec을 붙여 '~와 함께 가다'라는 표현을 만들어 볼까요?
'venir avec ~'은 직역하면 '~와 함께 오다'지만, 영어로 '나와 함께 가자'를 come with me라고 하듯,
프랑스어로도 venir avec를 활용한답니다. 전치사 avec 뒤에 '나, 너'와 같은 인칭을 쓰고자 할 때에는
강세형 인칭대명사를 사용한다는 점을 떠올리면서 상대에게 제안하는 표현을 만들어 봅시다.

너 나와 함께 갈래?	➡ Tu viens avec moi ?
당신 우리와 함께 가실래요?	➡ Vous venez avec nous ?

~하러 오다: venir + 동사원형

마지막으로 venir 동사 뒤에 동사원형을 붙여서 '~하러 오다'라는 표현을 만들어 봅시다. 이 경우, 첫 번
째 동사인 venir 동사만 주어 인칭에 맞게 변화시키면 된답니다. 이와 더불어 명령문도 같이 만들어 볼
까요? 명령문의 기본 형태는 평서문에서 주어를 삭제하면 됩니다.

너는 식사하러 온다.	➡ Tu viens manger.
식사하러 와!	➡ Viens manger !
그녀는 Paul을 보러 온다.	➡ Elle vient voir Paul.
그녀는 그를 보러 온다.	➡ Elle vient le voir.

 앞서 제시된 Paul을 직접목적보어 le로 받을 수 있습니다. 한 문장에 동사가 2개인 경우, 직접목적보어의 행위와 관련된
동사 앞에 직접목적보어가 붙습니다.

당신은 나를 보러 온다.	➡ Vous venez me voir.
나를 보러 오세요!	➡ Venez me voir !

너는 어디 출신이니? ➡ Tu viens d'où ?
= D'où viens-tu ?

당신은 어디 출신이세요? ➡ Vous venez d'où ?
= D'où venez-vous ?

Tip 영어의 'where do you come from?'에 해당하는 표현입니다.

ÉTAPE 03 대화로 말해 보기

▶ 오늘 배운 문장들을 활용하여 대화를 나눠 봐요!

A┃ 당신은 어디 출신이세요? ➡ D'où venez-vous ?

B┃ 나는 한국 출신입니다. ➡ Je viens de Corée.

당신은요? Et vous ?

A┃ 나는 캐나다 출신입니다. ➡ Je viens du Canada.

A┃ Paul, 그가 기차역에 와. ➡ Paul, il vient à la gare.

너 나랑 같이 갈래? Tu viens avec moi ?

B┃ 나는 지금 나가야 해. ➡ Je dois sortir maintenant.

오늘 저녁에 나를 보러 와! Viens me voir ce soir !
[쓰 수아흐]

미션 확인 오늘의 핵심 문장을 완벽하게 외워 봅시다.

A: 당신은 어디 출신이세요? ➡ D'où venez-vous ?

B: 나는 한국 출신입니다. ➡ Je viens de Corée.

ÉTAPE **04** 연습 문제

▶ 문제를 풀어 보면서 공부한 내용들을 완전히 내 것으로 만들어 봐요!

① **다양한 전치사를 활용하여 밑줄에 들어갈 알맞은 프랑스어를 써 보세요.**

1. ~에서 오다

2. ~에 오다

3. ~와 함께 가다

4. 식사하러 오다

② **주어진 낱말들로 문장을 만드세요.**

1. 그는 도쿄 출신이다. (Tokyo / vient / il / de)

2. 그녀들은 프랑스 출신이다. (de / viennent / France / elles)

3. 당신 우리와 함께 가실래요? (avec / vous / nous / venez)

4. 그녀는 그를 보러 온다. (elle / voir / le / vient)

③ **해석을 참고하여 프랑스어로 작문해 보세요.**

1. Paul, 그가 기차역에 와.

2. 너 나랑 같이 갈래?

3. 오늘 저녁에 나를 보러 와!

 주어진 명사를 활용하여 문장을 만들어 보세요.

| Italie [이딸리] n.f. 이탈리아 | Russie [휘씨] n.f. 러시아 |

1. 나는 이탈리아 출신이다.

2. 그녀는 이탈리아 출신이다.

3. 당신은 러시아 출신이다.

4. 그들은 러시아 출신이다.

다음 중 알맞은 문장을 골라 체크해 보세요.

1. 너는 어디 출신이니?
   (a. D'où viens-tu ? / b. D'où venez-vous ?)

2. 그는 파리에 온다.
   (a Il vient de Paris. / b. Il vient à Paris.)

3. 나를 보러 오세요!
   (a. Venez me voir ! / b. Viens me voir !)

4. 너 나와 함께 갈래?
   (a. Vous venez avec moi ? / b. Tu viens avec moi ?)

정답

1 1. venir de 2. venir à 3. venir avec 4. venir manger
2 1. Il vient de Tokyo. 2. Elles viennent de France. 3. Vous venez avec nous ? 4. Elle vient le voir.
3 1. Paul, il vient à la gare. 2. Tu viens avec moi ? 3. Viens me voir ce soir !
4 1. Je viens d'Italie. 2. Elle vient d'Italie. 3. Vous venez de Russie. 4. Ils viennent de Russie.
5 1. a 2. b 3. a 4. b

표현 더하기

▶ 오늘 배운 내용과 관련된 다양한 표현을 익혀 봐요!

여기로 와!
Viens ici ! [비앙 이씨]

viens ici는 '너는 여기에 온다'라는 문장인 tu viens ici를 명령문으로 바꾼 것으로, '여기로 와' 라는 의미입니다. 카페에 친구들을 만나러 갔는데 사람들 사이에서 헤매는 저를 보고 친구들이 'Clara, viens ici !'라며 불렀던 기억이 납니다. 꼭 부사 ici와 함께 쓰지 않더라도 viens만으로도 '이리로 와'라는 뉘앙스를 풍길 수가 있답니다. 또, ici와 비슷한 뜻의 부사 là를 활용하여 viens là라고도 할 수 있어요. 다양하게 활용해 보세요!

💡클라라 선생님의 꿀팁

'(국가)에 온다'라고 할 때는?

venir à 뒤에 장소 명사나 도시명을 붙이면 '(장소)에 오다, (도시)에 오다'라는 표현을 만들 수 있었는데요. 마찬가지로 **venir à** 뒤에 국가명을 붙여서 '(국가)에 오다'라고 할 수도 있겠죠? 남성 국가, 여성 국가, 그리고 복수 국가 앞에 붙이는 전치사를 떠올리면서 함께 문장을 만들 어 봅시다. '(여성 국가)에'라고 할 때에는 전치사 **en**을 사용해야 한다는 것, 꼭 주의해 주세요!

• 남성 국가에: au 남성 국가
  ▶ **Il vient au Canada.**　　　　　　　　그는 캐나다에 온다.

• 여성 국가에: en 여성 국가
  ▶ **Vous venez en Corée.**　　　　　　　당신은 한국에 온다.

• 복수 국가에: aux 복수 국가
  ▶ **Elles viennent aux États-Unis.**　　　그녀들은 미국에 온다.

France

아름다운 향이 가득한, 향수의 고향 '그라스'

**지역
탐방**

평소에 향수에 관심이 많으신가요? 혹시 의상에 따라, 또는 기분에 따라 사용하는 향수가 따로 있으신가요? 그렇다면 절대로 놓치지 말아야 할, 프랑스 남동쪽의 도시를 하나 소개하겠습니다.

오늘 살펴볼 장소는 바로 그라스(Grasse)인데요. 이곳은 프랑스 대표 휴양지인 니스(Nice)의 서남쪽에 위치한 도시로, '세계 향수의 수도'라는 이름에 걸맞게 프라고나르(Fragonard), 갈리마르(Galimard), 몰리나르(Molinard)와 같은 유명한 향수 브랜드의 제조장이 위치한 곳이랍니다.

중세 시대, 그라스는 본래 가죽 제품 산업으로 귀족들에게 많은 사랑을 받는 곳이었는데요. 시간이 지날수록 불쾌한 냄새를 동반하는 피혁 제품의 단점을 보완할 필요가 있었고, 무두질 기술자였던 갈리마르(Galimard)라는 사람이 혁신적인 아이디어를 고안해 냈답니다. 피혁 제품을 미모사, 자스민, 라벤더 향 물에 적셔 불쾌한 냄새를 덮고 향기를 입히는 아이디어였죠. 16세기 들어 모든 무두질 기술자들이 갈리마르가 발명한 방법을 통해 제품을 만들었고, 다양한 향기를 만들어 내는 '조향사'라는 직업이 생겨나게 되었답니다. 오늘날 그라스에는 조향사를 양성하는 기관인 GIP(Grasse Institute of Perfumery)도 위치하고 있어요. 그라스가 왜 향수의 본고장이라고 불리는지 이해가 되시죠?

그라스에 방문한다면, 일광욕을 즐기는 것은 물론이고 향수의 역사를 배울 수 있는 국제 향수 박물관(Musée international de la parfumerie)에 들러 보시거나, 체험 프로그램을 통해 취향에 맞는 특별한 향수도 직접 만들어 보세요!

나는 음악을 들으면서 운동을 합니다.

학습 목표 '방금 ~했다' / '~하는 중이다' / '~할 것이다' / '~하면서' 말하기

Je fais du sport en écoutant de la musique.

Leçon 13

Je viens de manger.

나는 방금 식사했습니다.

학습 |
목표

- 근접 과거, 현재 진행, 근접 미래시제 학습하기
- 다양한 시제 활용하기

학습 |
단어

on va voir [옹 바 부아흐] 지켜보자

지난 시간 떠올리기

ÉTAPE **01**

▶ 지난 시간 학습했던 내용들을 떠올려 볼까요?

오다 venir

지난 시간에는 3군 불규칙 동사인 venir 동사를 배웠는데요. venir와 전치사 à, de, avec 등을 활용한 다양한 표현 역시 만들어 보았습니다. 마지막으로, venir 동사 뒤에 동사원형을 붙여 '~하러 오다'라는 문장도 만들어 보았는데 잘 기억하고 계시죠? 한 문장에 동사가 2개일 때에는 첫 번째 동사만 주어 인칭에 맞게 변화시킨다는 점을 상기하면서 지난 시간에 학습한 내용들을 복습해 봅시다.

✔ 나는 서울 출신이다.	➡ Je viens de Séoul.
✔ 우리는 한국 출신이다.	➡ Nous venons de Corée.
✔ 너 나와 함께 갈래?	➡ Tu viens avec moi ?
✔ 나를 보러 오세요!	➡ Venez me voir !

🔺오늘의 미션 학습이 끝나면 이 문장을 완벽하게 말할 수 있어요!

나는 방금 식사했어.

✔ 숫자 **62 soixante-deux** [수아썽뜨 되]

오늘은 프랑스어의 3가지 시제를 다뤄 보려고 합니다. 현재를 기준으로 가까운 과거에 해당하는 '근접 과거', 현재 진행중인 상황을 강조하는 '현재 진행', 그리고 가까운 미래를 설명하는 '근접 미래'를 하나씩 자세히 짚어 보도록 해요.

방금 ~했다: venir de + 동사원형

가장 먼저, 현재를 기준으로 방금 전에 일어난 일, 가까운 과거에 일어난 일을 이야기할 때 사용하는 근접 과거시제를 배워 봅시다. 지난 시간에 배웠듯, 'venir de ~'는 '~에서 오다'라는 뜻으로 뒤에 동사원형이 오면 '~하고 오다' 즉, '방금 ~했다'로 해석되는데요. venir de 뒤에 붙는 동사가 모음이거나 무음 h로 시작하는 경우에는 전치사 de와 동사 사이의 모음 축약이 일어납니다. 그럼 지금부터 'manger(먹다), arriver(도착하다), partir(떠나다), sortir(나가다)' 동사를 활용하여 근접 과거를 나타내 볼까요?

나는 방금 식사했다.	➡ Je viens de manger.
너는 방금 식사했다.	➡ Tu viens de manger.
그는 방금 도착했다.	➡ Il vient d'arriver.
우리는 방금 도착했다.	➡ Nous venons d'arriver.
그들은 방금 떠났다.	➡ Ils viennent de partir.
그녀들은 방금 나갔다.	➡ Elles viennent de sortir.

~하는 중이다: être en train de + 동사원형

이번에 배울 시제는 현재 진행입니다. 말 그대로 현재 진행 중인 상황을 표현할 때 사용되며 'être en train de+동사원형'의 형태를 갖는데요. 근접 과거시제와 마찬가지로 전치사 de 뒤에 붙는 동사가 모음이나 무음 h일 경우 모음 축약에 유의해야 한답니다. 기존에 배웠던 현재시제로도 충분히 진행 상황을 표현할 수 있지만, 현재 진행형을 사용하면 진행 중인 상황을 더욱 강조하는 효과가 있어요. '나는 식사한다'와 '나는 식사하는 중이다'의 차이가 느껴지시나요? 지금부터 다양한 동사를 활용하여 현재 진행을 나타내 보도록 해요.

나는 식사하는 중이다.	➡ Je suis en train de manger.
그는 공부하는 중이다.	➡ Il est en train d'étudier.

✔ 우리는 운동을 하는 중이다.	➡ Nous sommes en train de faire du sport.
✔ 당신은 집에서 나가는 중이다.	➡ Vous êtes en train de sortir de la maison.
✔ 그녀들은 자는 중이다.	➡ Elles sont en train de dormir.

 ### ~할 것이다: aller + 동사원형

이번 과에서 마지막으로 다룰 시제는 근접 미래시제입니다. <SOS 프랑스어 말하기 첫걸음> 1탄의 끝을 근접 미래시제로 장식했던 것 기억하고 계시나요? 영어에서 가까운 미래의 일을 설명할 때 'to go(가다)' 동사를 활용하듯 프랑스어도 aller 동사를 사용하여 근접 미래를 나타낸다고 알려드렸는데요. 중요한 시제인 만큼 다시 한번 다뤄 보겠습니다. 프랑스어 미래시제에는 근접 미래와 단순 미래가 존재합니다. 그 중 근접 미래는 단순 미래에 비해 더 가까운 미래의 일을 나타낼 때 사용되는 시제예요. 단순 미래가 '먼 미래로서 막연한 일, 행동'에 대해 이야기한다면, 근접 미래는 '좀 더 확실한 미래의 일, 계획된 일'에 대해 이야기할 때 쓰입니다. 근접 미래는 'aller+동사원형'의 형태로 '~하러 가다' 즉, '~할 것이다'라는 의미로 해석되는데요. 일상생활에서 매우 유용하게 사용되는 시제이므로 입에 충분히 익도록 반복해서 연습해 주세요.

✔ 나는 떠날 것이다.	➡ Je vais partir.
✔ 너는 나갈 것이다.	➡ Tu vas sortir.
✔ 그녀는 영화를 볼 것이다.	➡ Elle va voir un film.
✔ 우리는 Paul을 볼 것이다.	➡ Nous allons voir Paul.
✔ 우리는 그를 볼 것이다.	➡ Nous allons le voir.
✔ 그들은 메시지를 남길 것이다.	➡ Ils vont laisser un message.
✔ 너는 무엇을 할 거니?	➡ Que vas-tu faire ?
	Qu'est-ce que tu vas faire ?

대화로 말해 보기

▶ 오늘 배운 문장들을 활용하여 대화를 나눠 봐요!

A | 나의 집에 식사하러 와!   → Viens manger chez moi !

B | 나는 방금 식사했어.   → Je viens de manger.

A | 너는 지금 무엇을 하고 있니?   → Que fais-tu maintenant ?

B | 나는 공부하고 있는 중이야.   → Je suis en train d'étudier.

A | 나는 영화를 볼 거야.   → Je vais voir un film.

     너 나와 함께 갈래?   Tu viens avec moi ?

B | 아니, 나는 나갈 거야.   → Non, je vais sortir.

A | 너는 무엇을 할 거니?   → Qu'est-ce que tu vas faire ?

B | 나는 Paul을 볼 거야.   → Je vais voir Paul.

 미션 확인   오늘의 핵심 문장을 완벽하게 외워 봅시다.

나는 방금 식사했어.   → Je viens de manger.

연습 문제

▶ 문제를 풀어 보면서 공부한 내용들을 완전히 내 것으로 만들어 봐요!

① **밑줄에 들어갈 알맞은 프랑스어를 써 보세요.**

1. 근접 과거: _____ + 동사원형

2. 현재 진행: _____ + 동사원형

3. 근접 미래: _____ + 동사원형

② **주어진 낱말들로 문장을 만드세요.**

1. 나는 방금 식사했다. (de / viens / manger / je)

_____

2. 우리는 방금 도착했다. (arriver / venons / d' / nous)

_____

3. 당신은 집에서 나가는 중이다. (de / de / la / êtes / en / vous / train / sortir / maison)

_____

4. 우리는 운동을 하는 중이다. (du / sommes / faire / train / en / de / sport / nous)

_____

5. 그들은 메시지를 남길 것이다. (un / ils / laisser / vont / message)

_____

6. 너는 무엇을 할 거니? (tu / qu' / faire / que / vas / est-ce)

_____

해석을 참고하여 프랑스어로 작문해 보세요.

1. 나는 방금 식사했어.

_____

2. 너는 무엇을 할 거니?

_____

3. 나는 Paul을 볼 거야.

_____

 주어진 표현을 활용하여 문장을 만들어 보세요.

> faire les courses [페흐 레 꾸흐쓰] 장을 보다 | faire du piano [페흐 뒤 삐아노] 피아노를 치다

1. 나는 방금 장을 봤다.

2. 그는 장을 볼 것이다.

_____

3. 당신은 피아노를 치는 중이다.

_____

4. 그들은 피아노를 칠 것이다.

5 **다음 중 알맞은 문장을 골라 체크해 보세요.**

1. 너는 무엇을 할 거니?
(a. Que vas-tu faire ? / b. Qu'est-ce que tu fais ?)

2. 우리는 방금 식사했다.
(a Nous venons d'arriver. / b. Nous venons de manger.)

3. 그녀들은 자는 중이다.
(a. Elles sont en train de dormir. / b. Elles vont dormir.)

4. 그녀는 영화를 볼 것이다.
   (a. Elle vient de voir un film. / b. Elle va voir un film.)

5. 그들은 메시지를 남길 것이다.
   (a. Ils vont laisser un message. / b. Ils viennent de laisser un message.)

 밑줄에 들어갈 단어를 보기에서 고르세요.

보기	que d' va en train de

1. Il vient _____ arriver.

2. Nous sommes _____ faire du sport.

3. Elle _____ voir un film.

4. _____ vas-tu faire ?

표현 더하기

▶ 오늘 배운 내용과 관련된 다양한 표현을 익혀 봐요!

지켜보자.
On va voir. [옹 바 부아흐]

on va voir는 'aller+동사원형'을 사용한 근접 미래 표현입니다. 직역하면 '우리는 볼 것이다'지만 일상생활에서 사용할 때에는 '지켜보자'로 해석될 때가 많아요. 예를 들어, 여러분이 Laure를 초대했다고 가정해 봅시다. 그 친구가 올지, 오지 않을지 모르는 상황에서 친구에게 물어 봅니다. 'Laure가 파티에 올까?' 그럼 친구가 '글쎄, 한번 지켜보자'라고 대답할 수 있겠죠? 이런 상황에서 on va voir를 사용할 수 있답니다.

💡 클라라 선생님의 꿀팁

'막 ~하려는 참이다'라고 말할 땐?

'방금 ~했다'는 '**venir de**+동사원형', '~하는 중이다'는 '**être en train de**+동사원형' 그리고 '~할 것이다'는 '**aller**+동사원형'으로 표현한다는 것을 모두 배웠습니다. 그렇다면 '막 ~하려는 참이다'는 어떻게 표현할 수 있을까요? 예를 들어, 꼭 타야 하는 기차가 지금 막 출발하려고 할 때 '기차가 막 출발하려고 한다'라는 표현을 만드는 방법을 알려드릴게요. 아주 간단하답니다. 바로, '**être sur le point de**+동사원형'의 형태로 해당 문장을 만들 수 있는데요. '**sur le point de ~**'는 직역하면 '~의 지점 위에'라는 뜻으로 '**être sur le point de**+동사원형'은 '~하는 지점에 있다'라는 의미랍니다. 위 표현을 활용해서 문장을 만들어 볼까요?

• **Le train est sur le point de partir.** 기차가 막 출발하려고 한다.

문화 탐방

세계 3대 오페라 하우스 '오페라 가르니에'

예술 문화

'파리의 명소'라고 하면 절대 이 곳을 빼놓고 얘기할 수 없죠? 오페라 역 출구로 나오자마자 가장 먼저 우리의 눈길을 사로잡는 건축물이 있는데요. 바로 세계 3대 오페라 하우스인 오페라 가르니에(Opéra Garnier)입니다. 오페라 가르니에는 전설적인 뮤지컬인 <오페라의 유령>의 주 배경이기도 하고, 외부 계단은 많은 사람들의 쉼터이자 약속 상대를 기다리는 만남의 장소로도 유명해요.

9구에 위치한 국립 극장인 오페라 가르니에는 수준 높은 발레, 뮤지컬 등 다양한 문화 예술 콘텐츠를 제공함으로써 세계적인 위상을 떨치고 있지만 동시에 화려하고 웅장한 건축물 그 자체로도 아주 큰 의미를 지니고 있답니다.

1875년, 35세의 무명 건축가인 샤를 가르니에(Charles Garnier)에 의해 완공된 이 건축물을 자세히 살펴보면, 화려한 조각들이 건물의 외부와 내부를 빼곡히 장식하고 있다는 걸 발견하실 수 있을 거예요. 특히 화려한 샹들리에 장식은 마치 이곳이 극장이 아닌 궁전인 듯한 착각까지 불러일으킵니다. 나폴레옹 3세의 왕관을 본떠 만든 돔 형태 청동 지붕과 건물 내부 천장에 위치한 샤갈의 천장화 또한 그냥 지나칠 수 없는 볼거리예요. 마지막으로 극장 안에 대리석으로 만든 웅장한 계단 또한 굉장한 명소랍니다.

파리의 역사를 그대로 간직하고 있는 파리 국립 오페라 도서 박물관(Bibliothèque-Musée de l'Opéra National de Paris) 또한 오페라 하우스 안에 위치하고 있으니 공연을 관람하지 않더라도 소정의 관람료를 지불하고 구경해 보는 것도 좋을 거예요. 평소에 뮤지컬, 발레 등을 좋아하는 분이라면 이곳을 꼭 방문해 보세요!

Leçon
14

Je fais du sport en écoutant de la musique.

나는 음악을 들으면서 운동을 합니다.

학습 | 목표	• REGARDER(보다), ÉCOUTER(듣다) 동사의 단수·복수 인칭 학습하기 • 동시 동작을 나타내는 제롱디프(gérondif)를 활용하여 말하기

학습 | 단어	**télévision** [뗼레비지옹] n.f. 텔레비전 | **vidéo** [비데오] n.f. 동영상, 비디오 | **radio** [하디오] n.f. 라디오 | **C'est vrai ?** [쎄 브헤] 정말?

ÉTAPE 01 지난 시간 떠올리기

▶ 지난 시간 학습했던 내용들을 떠올려 볼까요?

근접 과거, 현재 진행, 단순 미래

지난 시간에는 가까운 과거를 나타내는 근접 과거, 지금 진행 중인 상황을 표현하는 현재 진행, 가까운 미래에 일어날 일에 대해 이야기할 때 쓰이는 단순 미래까지 총 3가지 시제 표현을 학습해 보았는데요. 각 시제의 기본 형태를 떠올리면서 배운 내용들을 복습해 보도록 합시다.

나는 방금 식사했다.	→ Je viens de manger.
그는 방금 도착했다.	→ Il vient d'arriver.
나는 식사하는 중이다.	→ Je suis en train de manger.
우리는 운동을 하는 중이다.	→ Nous sommes en train de faire du sport.
그녀는 영화를 볼 것이다.	→ Elle va voir un film.
그들은 메시지를 남길 것이다.	→ Ils vont laisser un message.

🔺오늘의 미션   학습이 끝나면 이 문장을 완벽하게 말할 수 있어요!

A: 너는 지금 무엇을 하니?

B: 나는 음악을 들으면서 운동을 해.

> 숫자 63 soixante-trois [수아썽뜨 트후아]

ÉTAPE 02

오늘의 학습

▶ 오늘 배울 내용들을 살펴보고, 머릿속에 차곡차곡 담아 볼까요?

1 보다 regarder [흐갸흐데]

이번 시간에는 1군 규칙 동사에 해당하는 regarder 동사의 단수·복수 인칭 변화를 알려드리려고 해요. regarder 동사는 기존에 배웠던 3군 불규칙 동사인 voir 동사와 어떻게 다를까요? 두 동사 사이의 차이는 바로 '목적'에 있는데요. '(시야에 들어온 것을) 보다'라고 할 때에는 voir 동사를 쓰는 반면, 의도나 목적을 가지고 주의를 기울여 볼 때에는 regarder 동사를 사용한답니다. 영어의 to see와 to watch처럼 말이죠.

주어는	본다
Je	regarde [흐갸흐드]
Tu	regardes [흐갸흐드]
Il / Elle	regarde [흐갸흐드]
On	
Nous	regardons [흐갸흐동]
Vous	regardez [흐갸흐데]
Ils / Elles	regardent [흐갸흐드]

1) ~을 보다: regarder + 명사

이번에는 regarder 동사 뒤에 다양한 명사를 덧붙여 문장을 만들어 보겠습니다. '텔레비전'과 '동영상'에 해당하는 명사를 알려드릴게요. 텔레비전을 볼 때 우리는 프로그램의 내용을 이해하기 위해 유심히 바라보죠? 동영상도 마찬가지입니다. 주의를 기울여 바라볼 때에는 regarder 동사를 사용한다는 것, 다시 한번 숙지해 주세요.

텔레비전	동영상, 비디오
la télévision [라 뗄레비지옹]	la vidéo [라 비데오]

- 텔레비전을 보다 → regarder la télévision
- 동영상, 비디오를 보다 → regarder la vidéo

나는 텔레비전을 본다.	➡ Je regarde la télévision.
우리는 텔레비전을 본다.	➡ Nous regardons la télévision.
당신은 동영상을 본다.	➡ Vous regardez la vidéo.
그들은 동영상을 본다.	➡ Ils regardent la vidéo.

② 듣다 écouter [에꾸떼]

이번에는 1군 규칙 동사에 해당하는 écouter 동사의 단수·복수 인칭 변형을 학습해 볼까요? '보다' 와 마찬가지로 '듣다'도 두 가지 동사가 존재하는데요. 오늘 우리가 배우는 écouter 동사는 의도를 가지고 유심히 들을 때 사용하는 동사랍니다. 함께 읽어 봅시다.

주어는	듣는다
J'	écoute [제꾸뜨]
Tu	écoutes [에꾸뜨]
Il / Elle	écoute [에꾸뜨]
On	
Nous	écoutons [에꾸똥]
Vous	écoutez [에꾸떼]
Ils / Elles	écoutent [에꾸뜨]

> **Tip** 영어의 to listen에 해당하는 1군 규칙 동사입니다.

1) ~을 듣다: écouter + 명사

écouter 동사 뒤에 '음악, 라디오'에 해당하는 명사를 붙여서 '음악을 듣다, 라디오를 듣다'와 같은 표현을 만들어 보겠습니다. '음악을 듣다'의 경우, 특정한 음악이 명시되지 않았다면 부분관사를 사용하여 표현하면 된답니다. 이 점에 유의하면서 문장을 만들어 볼까요?

음악	라디오
la musique	la radio
[라 뮈지끄]	[라 하디오]

✔ 음악을 듣다		➡ écouter de la musique	
✔ 라디오를 듣다		➡ écouter la radio	

✔ 나는 음악을 듣는다.	➡ J'écoute de la musique.
✔ 너는 음악을 듣는다.	➡ Tu écoutes de la musique.
✔ 당신은 라디오를 듣는다.	➡ Vous écoutez la radio.
✔ 그녀들은 라디오를 듣는다.	➡ Elles écoutent la radio.

3 제롱디프 le gérondif

오늘 내용의 하이라이트인 제롱디프를 배울 차례가 되었습니다! 제롱디프는 '~하면서 ~하다'처럼 동시 동작을 나타낼 때 사용되며 '~하면서'로 해석됩니다. 기본 규칙은 'en+현재분사'인데요. 이때의 en은 중성 대명사가 아닌 전치사이므로 주의가 필요합니다. 현재분사를 만드는 방법은 주어 nous일 때의 동사 변화에서 어미인 -ons를 제거하고, -ant을 붙여 주면 돼요. 같이 만들어 볼까요?

> ### 제롱디프(le gérondif)의 특징
> - 동시 동작을 나타낼 때 사용하며, '~하면서'로 해석
> - 기본 규칙: en + 현재분사
> - 현재분사: 1인칭 복수(nous) 어미 -ons 제거, -ant 붙이기 (ons ▶ -ant)

1) 현재분사 만들기 (어미 -ons ▶ -ant)

먹다 manger	mangeons	⇨	mangeant
보다 regarder	regardons	⇨	regardant
듣다 écouter	écoutons	⇨	écoutant

2) 제롱디프 le gérondif (en + 현재분사)

먹으면서	en mangeant
보면서	en regardant
들으면서	en écoutant

> **Tip** 영어의 현재분사 ~ing와 동일합니다.

이제 본격적으로 제롱디프를 활용한 문장을 만들 준비가 되었습니다! 프랑스어 어순에 따라 '나는 텔레비전을 본다, 빵을 먹으면서' 순서로 문장을 만들어 봅시다.

🐾 나는 빵을 먹으면서 텔레비전을 본다.
➡ Je regarde la télévision en mangeant du pain.

🐾 너는 케이크를 먹으면서 텔레비전을 본다.
➡ Tu regardes la télévision en mangeant du gâteau.

🐾 그는 텔레비전을 보면서 요가를 한다.
➡ Il fait du yoga en regardant la télévision.

🐾 우리는 동영상을 보면서 요가를 한다.
➡ Nous faisons du yoga en regardant la vidéo.

🐾 당신은 음악을 들으면서 운동을 한다.
➡ Vous faites du sport en écoutant de la musique.

🐾 그들은 라디오를 들으면서 운동을 한다.
➡ Ils font du sport en écoutant la radio.

대화로 말해 보기

▶ 오늘 배운 문장들을 활용하여 대화를 나눠 봐요!

A | 너는 지금 무엇을 하니?　　→ Que fais-tu maintenant ?

B | 나는 빵을 먹으면서　　→ Je regarde la télévision en mangeant
텔레비전을 보고 있어. 너는?　　du pain. Et toi ?

A | 나는 음악을 들으면서　　→ Moi, je fais du sport en écoutant
운동을 하고 있어.　　de la musique.

미션 확인　오늘의 핵심 문장을 완벽하게 외워 봅시다.

A: 너는 지금 무엇을 하니?
→ Que fais-tu maintenant ?

B: 나는 음악을 들으면서 운동을 해.
→ Je fais du sport en écoutant de la musique.

ÉTAPE 04 연습 문제

▶ 문제를 풀어 보면서 공부한 내용들을 완전히 내 것으로 만들어 봐요!

1 제롱디프를 활용하여 밑줄에 들어갈 알맞은 표현을 써 보세요.

1. 먹으면서

_____

2. 보면서

_____

3. 들으면서

_____

2 주어진 낱말들로 문장을 만드세요.

1. 당신은 텔레비전을 본다.
(la / regardez / vous / télévision)

_____

2. 그들은 음악을 듣는다.
(musique / écoutent / la / de / ils)

_____

3. 우리는 음악을 들으면서 운동을 한다.
(faisons / écoutant / la / nous / de / sport / du / en / musique)

_____

4. 우리는 동영상을 보면서 요가를 한다.
(du / la / en / yoga / regardant / faisons / vidéo / nous)

_____

5. 그녀들은 라디오를 들으면서 운동을 한다.
(écoutant / sport / du / elles / la / radio / font / en)

_____

③ **해석을 참고하여 프랑스어로 작문해 보세요.**

1. 너는 지금 무엇을 하니? (도치 의문문)

_____

2. 나는 빵을 먹으면서 텔레비전을 보고 있어. 너는?

_____

3. 나는 음악을 들으면서 운동을 하고 있어.

_____

4. 나는 동영상을 보면서 요가를 하고 있어.

_____

④ **주어진 동사를 활용하여 문장을 만들어 보세요.**

chanter [셩떼] v. 노래하다 | danser [덩쎄] v. 춤추다

1. 나는 노래하면서 음악을 듣는다. _____

2. 그는 노래하면서 운동을 한다. _____

3. 당신은 춤추면서 텔레비전을 본다. _____

4. 그들은 춤추면서 라디오를 듣는다. _____

⑤ **다음 중 알맞은 문장을 골라 체크해 보세요.**

1. 너는 지금 무엇을 하니?
(a. Qu'est-ce que tu vas faire ? / b. Que fais-tu maintenant ?)

2. 나는 음악을 듣는다.
(a. J'écoute de la musique. / b. J'écoute la radio.)

3. 그녀는 음악을 들으면서 요가를 한다.

(a. Elle fait du sport en écoutant de la musique. /
  b. Elle fait du yoga en écoutant de la musique.)

4. 그들은 춤추면서 라디오를 듣는다.

(a. Ils écoutent la radio en dansant. /
  b. Ils écoutent la radio en chantant.)

5. 우리는 빵을 먹으면서 텔레비전을 본다.

(a. Vous regardez la télévision en mangeant du pain. /
  b. Nous regardons la télévision en mangeant du pain.)

 밑줄에 들어갈 단어를 보기에서 고르세요.

보기	de la	écoute	faisons	mangeant

1. Nous regardons la télévision en _____ du pain.

2. Elle _____ la radio en dansant.

3. J'écoute _____ musique.

4. Nous _____ du yoga en regardant la vidéo.

정답

1 1. en mangeant 2. en regardant 3. en écoutant

2 1. Vous regardez la télévision. 2. Ils écoutent de la musique. 3. Nous faisons du sport en écoutant de la musique. 4.
Nous faisons du yoga en regardant la vidéo. 5. Elles font du sport en écoutant la radio.

3 1. Que fais-tu maintenant ? 2. Je regarde la télévision en mangeant du pain. Et toi ? 3. Je fais du sport en écoutant
de la musique. 4. Je fais du yoga en regardant la vidéo.

4 1. J'écoute de la musique en chantant. 2. Il fait du sport en chantant. 3. Vous regardez la télévision en dansant. 4. Ils
écoutent la radio en dansant.

5 1. b 2. a 3. b 4. a 5. b

6 1. mangeant 2. écoute 3. de la 4. faisons

ÉTAPE 05 표현 더하기

▶ 오늘 배운 내용과 관련된 다양한 표현을 익혀 봐요!

정말?
C'est vrai ? [쎄 브헤]

'c'est vrai ?'는 영어의 'is it true?'에 해당하는데요. 동일한 프랑스어 표현으로는 'vraiment ? [브헤멍]'이 있습니다. 전혀 생각지도 못했던 소식을 접하게 되었을 때, 예를 들어 정말 좋아하던 친구의 생일이 오늘이란 걸 갑자기 알게 되었을 때 이와 같은 표현을 쓸 수 있겠죠? 한국어로도 놀랐을 때 '정말?'이라는 표현을 많이 쓰니 다음부터는 한국어 대신 'c'est vrai ?'를 사용해 보세요. 자주 사용할수록 금방 외워질 거예요.

♀️클라라 선생님의 꿀팁

2군, 3군 동사의 현재분사

오늘 강의에서는 1군 동사들로 제롱디프(le gérondif) 활용 문장을 만들어 보았는데요. 2군과 3군 동사들을 활용한 표현도 함께 만들어 볼까요? 2군, 3군 동사들의 현재분사 역시 1군 동사와 마찬가지로 3인칭 복수 변화에서 어미 -ons를 -ant로 바꿔 주면 된답니다. 같이 만들어 봅시다.

	nous 변화형	현재분사
(2군 동사) 끝내다 finir	finissons	finissant
(3군 동사) 마시다 boire	buvons	buvant

(예외: savoir, avoir, être)

끝내면서	en finissant
마시면서	en buvant

문화 탐방
인상파 작가들이 한곳에, '오르세 미술관'

예술 문화

마네, 모네, 르누아르 등 프랑스 인상파 작가들의 작품을 한눈에 볼 수 있는 곳이 있죠? 바로 오르세 미술관(Musée d'Orsay [뮈제 도흐쎄])인데요. 여러분은 이곳이 20세기 초까지만 해도 기차역으로 사용되었다는 사실을 알고 계셨나요?

1986년도에 파리를 대표하는 문화·예술 공간으로 탈바꿈한 오르세 미술관은 그 이전까지 프랑스 남서부 노선의 종착역으로 '오르세 역(gare d'Orsay)'이라 불렸답니다. 하지만 점차 기차 운행 시스템이 발달하면서 발달된 시스템을 받아들이기에는 역부족이었던 오르세 역은 더 이상 기차가 올 수 없는 역이 되었고, 그 이후로는 때때로 영화 촬영을 위한 대여 장소, 전쟁 중에는 전쟁 포로들을 위한 우체국으로 이용되기도 했습니다.

지금은 1848년부터 1914년 사이에 만들어진 예술 작품들을 전시하는 미술관의 역할을 담당하고 있는데요. 오르세 미술관은 건물의 독특한 구조를 살려 총 3개의 층(로비, 2층, 5층)으로 나뉜답니다. 회화 작품뿐만 아니라 조각, 건축, 사진 작품까지 두루 감상할 수 있고, 19세기부터 20세기 초 프랑스 예술계를 주름잡았던 인상주의 작품을 중심으로 고전주의, 후기인상파, 상징주의, 자연주의 작품까지 다양하게 만나볼 수 있습니다. 특히 밀레의 <이삭 줍기>, 마네의 <풀밭 위의 점심 식사>, 르누아르의 <피아노 치는 소녀들> 등의 명화를 비롯해 드가와 마티스, 세잔, 고갱 그리고 고흐의 작품까지 소장·전시하고 있어 프랑스를 대표하는 미술관 중 한 곳으로 손꼽힌답니다.

미술관 안에는 프랑스 정통 요리를 맛볼 수 있는 레스토랑을 비롯해 전시 관람 후 향긋한 차 한 잔의 여유를 즐길 수 있는 카페도 있으니, 방문하셔서 문화 생활을 즐기며 여유로운 하루를 보내는 건 어떨까요?

Partie 06

보통 나는 7시에 일어납니다.

학습 목표 '일어나다, 씻다, 옷을 입다' / '자다, 샤워하다, 산책하다' 말하기 /
일상 소개하기

En général, je me lève à sept heures.

Leçon
15

En général, je me lève à sept heures.

보통 나는 7시에 일어납니다.

학습 목표	• SE LEVER(일어나다), SE LAVER(씻다), S'HABILLER(옷을 입다) 동사의 단수·복수 인칭 학습하기 • 순서 나타내는 연결사 활용하여 행동 나열하기

| 학습
단어 | **tôt** [또] adv. 일찍 \| **tard** [따흐] adv. 늦게 \| **visage** [비자쥬] n.m. 얼굴 \| **cheveux**
[슈뵈] n.m.pl. 머리카락 \| **tout d'abord** [뚜 다보흐] 가장 먼저 \| **ensuite** [엉쉿뜨] 그
다음에 \| **puis** [쀠] 그 후에 \| **ça fait longtemps** [싸 페 롱떵] 오랜만이야 |

ÉTAPE 01 지난 시간 떠올리기

▶ 지난 시간 학습했던 내용들을 떠올려 볼까요?

제롱디프 le gérondif

지난 시간에 배운 제롱디프를 상기하며 오늘 학습을 시작해 봅시다. 제롱디프는 'en+현재분사'의 형태로 동시 동작을 나타낼 때 사용되며 '~하면서'라고 해석되었죠? 제롱디프를 활용한 예문을 만들 때에는 '나는 ~한다 ~하면서'의 순서로 만들면 됩니다. 저번 시간에 배웠던 내용을 다시 한번 떠올려 볼까요?

☑ 나는 빵을 먹으면서 텔레비전을 본다.
➡ Je regarde la télévision en mangeant du pain.

☑ 그는 텔레비전을 보면서 요가를 한다.
➡ Il fait du yoga en regardant la télévision.

☑ 당신은 음악을 들으면서 운동을 한다.
➡ Vous faites du sport en écoutant de la musique.

⛰️ 오늘의 미션 학습이 끝나면 이 문장을 완벽하게 말할 수 있어요!

A: 너는 몇 시에 일어나니?

B: 보통 나는 7시에 일어나.

☑ 숫자 64 soixante-quatre [수아썽뜨 꺄트흐]

ÉTAPE 02 오늘의 학습

▶ 오늘 배울 내용들을 살펴보고, 머릿속에 차곡차곡 담아 볼까요?

① 일어나다 se lever [쓰 르베]

이번 시간에는 프랑스어에서 중요하게 다루는 대명동사를 배워 보겠습니다. 대명동사는 동사 앞에 재귀대명사가 붙은 형태를 뜻하는데요. 오늘 배울 se lever 동사에서 동사원형인 lever 앞에 붙은 se가 바로 재귀대명사입니다. 이 재귀대명사는 꼭 주어 인칭에 맞게 me, te, se, nous, vous, se로 변형되어야 한답니다. 이 점 꼭 기억해 주세요!

대명동사의 여러 가지 용법 중, 오늘 우리가 배울 동사들은 재귀적 용법에 해당됩니다. '재귀'란 '원래의 자리로 돌아옴'을 의미하기 때문에 동사의 재귀적 용법은 동사의 행위가 주어(주체)에게로 돌아오는 것을 의미합니다. lever 동사는 본래 '일으키다'라는 뜻을 지니는데, se lever와 같이 재귀대명사가 동사의 앞에 옴으로써 일으키는 행위가 주어에게 돌아가 '스스로 일으키다', 즉 '일어나다'라는 의미를 갖게 되는 거예요. 천천히 읽으면서 첫 번째 대명동사인 se lever 동사의 단수·복수 인칭 변형을 익혀 볼까요?

주어는	일어난다
Je	me lève [므 레브]
Tu	te lèves [뜨 레브]
Il / Elle	se lève [쓰 레브]
On	
Nous	nous levons [누 르봉]
Vous	vous levez [부 르베]
Ils / Elles	se lèvent [쓰 레브]

1) ~시에 일어나다: se lever + à 시간 (시간: 숫자 + heure(s))

se lever 동사의 단수·복수 인칭 변형을 어느 정도 익히셨다면, 이번에는 se lever 뒤에 'à+시간'을 붙여서 '~시에 일어나다'라는 표현을 만들어 봅시다. 시간을 나타낼 때 '1시'는 une heure라고 하지만, 1보다 큰 숫자들은 복수로 취급하여 heure에도 s를 붙인다는 점을 떠올리면서 '나는 일어난다 6시에' 순으로 문장을 만들어 볼까요?

✌ 나는 6시에 일어난다.　　　　　→ Je me lève à six heures.

✌ 너는 7시에 일어난다.　　　　　→ Tu te lèves à sept heures.

☝ 그는 10시에 일어난다.   → Il se lève à dix heures.

☝ 우리는 정오에 일어난다.   → Nous nous levons à midi.

이번에는 시간과 관련된 두 가지 부사를 알려드리겠습니다. '일찍, 늦게'와 같은 부사들은 동사를 수식하기 때문에 동사의 뒤에 위치한답니다.

일찍	늦게
tôt	tard
[또]	[따흐]

☝ 당신은 일찍 일어난다.   → Vous vous levez tôt.

☝ 그들은 늦게 일어난다.   → Ils se lèvent tard.

2) ne pas se lever

이제 부정문을 만들어 볼 차례인데요. 중성 대명사 en, y가 포함된 문장의 부정문 만드는 방법, 기억하시나요? '대명사+동사'를 한 덩어리로 묶은 후, 그 앞뒤로 ne pas를 붙여 주었는데요. 마찬가지로 재귀대명사와 동사도 떼려야 뗄 수 없는 짝꿍이랍니다. 따라서 '재귀대명사+동사'의 앞뒤로 ne pas를 붙이면 부정문이 완성됩니다. 함께 연습해 볼까요?

주어는	일어나지 않는다
Je	ne me lève pas [느 므 레브 빠]
Tu	ne te lèves pas [느 뜨 레브 빠]
Il / Elle	ne se lève pas [느 쓰 레브 빠]
On	
Nous	ne nous levons pas [느 누 르봉 빠]
Vous	ne vous levez pas [느 부 르베 빠]
Ils / Elles	ne se lèvent pas [느 쓰 레브 빠]

나는 6시에 일어나지 않는다.	➡ Je ne me lève pas à six heures.
그녀는 10시에 일어나지 않는다.	➡ Elle ne se lève pas à dix heures.
당신은 일찍 일어나지 않는다.	➡ Vous ne vous levez pas tôt.
그녀들은 늦게 일어나지 않는다.	➡ Elles ne se lèvent pas tard.

씻다 se laver [쓰 라베]

두 번째 대명동사인 'se laver(씻다)'를 배워 봅시다. 본래 laver는 '씻기다'라는 의미의 동사지만, 동사 앞에 재귀대명사가 붙어서 '스스로 씻기다' 즉, '씻다'라는 의미가 된답니다. 재귀대명사를 주어 인칭에 맞게 변형시켜야 한다는 것을 기억하면서 함께 동사 변형을 연습해 볼까요?

주어는	씻는다
Je	me lave [므 라브]
Tu	te laves [뜨 라브]
Il / Elle	se lave [쓰 라브]
On	
Nous	nous lavons [누 라봉]
Vous	vous lavez [부 라베]
Ils / Elles	se lavent [쓰 라브]

1) ~을 씻다: se laver + 신체 명사

se laver 동사는 추가적인 보어 없이 '(스스로를) 씻다'라는 의미로 사용될 수 있지만, 뒤에 신체 명사를 붙여서 '~을 씻다'라는 표현도 할 수 있어요. '얼굴, 머리카락'에 해당하는 명사를 넣어서 문장을 만들어 볼까요? se laver 동사 뒤에 '머리카락'이 오는 경우, '머리를 감다'로 해석되며, 명사 '머리카락'은 복수로 쓰인다는 점에 주의해 주세요!

얼굴	머리카락
le visage	les cheveux
[르 비자쥬]	[레 슈뵈]

 Tip 대명동사는 이미 동사의 행위가 주체에게 돌아옴을 뜻하므로 se laver 동사 뒤 신체 명사에는 소유 명사를 사용하지 않습니다.

✔ 나는 얼굴을 씻는다.	➡ Je me lave le visage.
✔ 그는 얼굴을 씻지 않는다.	➡ Il ne se lave pas le visage.
✔ 그녀는 머리카락을 감는다.	➡ Elle se lave les cheveux.
✔ 당신은 머리카락을 감지 않는다.	➡ Vous ne vous lavez pas les cheveux.

 ## 옷을 입다 s'habiller [싸비예]

오늘의 마지막 대명동사입니다. 바로 s'habiller 동사인데요. habiller는 본래 '옷을 입히다'라는 의미의 동사로 앞에 재귀대명사가 붙으면서 '스스로 옷을 입히다', 곧 '옷을 입다'라는 뜻이 된답니다. 이때 주의할 점은, habiller가 무음 h로 시작하는 동사이기 때문에 재귀대명사 me, te, se일 때 모음 축약이 일어난다는 점이에요. 모음 충돌에 주의하면서 동사 변화를 연습해 볼까요?

주어는	옷을 입는다
Je	m'habille [마비으]
Tu	t'habilles [따비으]
Il / Elle	s'habille [싸비으]
On	
Nous	nous habillons [누 자비용]
Vous	vous habillez [부 자비예]
Ils / Elles	s'habillent [싸비으]

> **Tip** '주어+동사'만으로도 '주어가 옷을 입다'라는 의미가 완성되기 때문에 추가로 목적어를 붙이지 않습니다.

✔ 나는 옷을 입는다.	➡ Je m'habille.
✔ 그는 옷을 입는다.	➡ Il s'habille.
✔ 우리는 옷을 입는다.	➡ Nous nous habillons.
✔ 당신은 옷을 입는다.	➡ Vous vous habillez.

4 순서를 나타내는 연결사

대화나 글의 흐름을 보다 자연스럽게 만들기 위해서는 순서에 맞게 연결사를 사용하면 좋겠죠? 그래서 순서에 따른 세 가지 연결사를 알려드리려고 합니다. '가장 먼저, 그 다음에, 그 후에'에 해당하는 연결사들을 활용하여 순서를 매끄럽게 표현해 봅시다.

가장 먼저	tout d'abord [뚜 다보흐]
그 다음에	ensuite [엉쉿뜨]
그 후에	puis [쀠]

Tip 순서를 나타내는 연결사들은 문장의 맨 앞에 위치합니다.

 가장 먼저 나는 7시에 일어난다. ➡ Tout d'abord, je me lève à sept heures.

 그 다음에 나는 얼굴을 씻는다. ➡ Ensuite, je me lave le visage.

 그 후에 나는 옷을 입는다. ➡ Puis, je m'habille.

 너는 몇 시에 일어나니? ➡ Tu te lèves à quelle heure ?

03 대화로 말해 보기

▶ 오늘 배운 문장들을 활용하여 대화를 나눠 봐요!

A | 너는 몇 시에 일어나니? → Tu te lèves à quelle heure ?

B | **보통** 나는 7시에 일어나. → **En général**, je me lève à sept heures.
　　　　　　　　　　　　　　　[엉 제네할]

A | 그 다음에 너는 무엇을 하니? → Ensuite, que fais-tu ?

B | 나는 머리카락을 감아. → Je me lave les cheveux.

　　　그 후에 나는 옷을 입어. 　　Puis, je m'habille.

🔺미션 확인 　오늘의 핵심 문장을 완벽하게 외워 봅시다.

A: 너는 몇 시에 일어나니? → Tu te lèves à quelle heure ?

B: 보통 나는 7시에 일어나. → En général, je me lève à sept heures.

연습 문제

▶ 문제를 풀어 보면서 공부한 내용들을 완전히 내 것으로 만들어 봐요!

1 **밑줄에 들어갈 알맞은 대명동사를 써 보세요.**

1. 일어나다 _____

2. 씻다 _____

3. 옷을 입다 _____

2 **주어진 낱말들로 문장을 만드세요.**

1. 그녀는 10시에 일어난다. (heures / elle / lève / à / se / dix)

_____

2. 그들은 늦게 일어나지 않는다. (ne / lèvent / ils / tard / se / pas)

_____

3. 너는 몇 시에 일어나니? (te / à / heure / lèves / quelle / tu)

_____

4. 가장 먼저 나는 7시에 일어난다. (à / tout / me / lève / heures / je / sept / d'abord)

_____

3 **해석을 참고하여 프랑스어로 작문해 보세요.**

1. 너는 몇 시에 일어나니?

_____

2. 보통 나는 정오에 일어나.

_____

3. 그 다음에 너는 무엇을 하니? (도치 의문문)

_____

4. 나는 머리카락을 감아. 그 후에 나는 옷을 입어.

 주어진 명사를 활용하여 문장을 만들어 보세요.

> pied [삐에] n.m. 발 | main [망] n.f. 손

Tip '발/손을 씻는다'라고 할 때에는 복수형으로 씁니다.

1. 나는 발을 씻는다.

2. 그녀는 발을 씻지 않는다.

3. 우리는 손을 씻는다. (주어 Nous)

4. 그들은 손을 씻지 않는다.

 다음 중 알맞은 문장을 골라 체크해 보세요.

1. 당신은 몇 시에 일어납니까?
   (a. Vous levez à quelle heure ? / b. Vous vous levez à quelle heure ?)

2. 보통 나는 6시에 일어난다.
   (a. En général, je me lève à six heures. / b. Tout d'abord, je me lève à six heures.)

정답

1 1. se lever 2. se laver 3. s'habiller
2 1. Elle se lève à dix heures. 2. Ils ne se lèvent pas tard. 3. Tu te lèves à quelle heure ? 4. Tout d'abord, je me lève à sept heures.
3 1. Tu te lèves à quelle heure ? 2. En général, je me lève à midi. 3. Ensuite, que fais-tu ? 4. Je me lave les cheveux. Puis je m'habille.
4 1. Je me lave les pieds. 2. Elle ne se lave pas les pieds. 3. Nous nous lavons les mains. 4. Ils ne se lavent pas les mains.
5 1. b 2. a

ÉTAPE 05 표현 더하기

▶ 오늘 배운 내용과 관련된 다양한 표현을 익혀 봐요!

오랜만이야!
Ça fait longtemps ! [싸 페 롱떵]

ça fait longtemps은 영어의 it's been a long time과 같은 뜻으로 lontemps은 '오랜 시간'을 의미합니다. 오랜만에 다시 만난 사람에게 반가움을 표현할 때 사용하는데요. 간혹 너무 오랜만에 만나 격하게 반가운 경우도 있죠? 그럴 때에는 다양한 부사를 활용하여 ça fait très longtemps, ça fait trop longtemps의 형태로 '아주 오랜만이야'라는 뜻을 나타낼 수 있습니다. 구어로 쓰이는 형용사 super와 함께 'ça fait super longtemps [싸 페 쒸뻬흐 롱떵] 진짜 오랜만이야'라는 표현도 자주 쓰인답니다. 여러분도 따라 해 보세요.

💡 클라라 선생님의 꿀팁

다양한 신체 명사를 알려드릴게요!

오늘은 '씻다'라는 의미의 대명동사와 '얼굴, 머리카락'을 뜻하는 명사를 활용하여 '얼굴을 씻다, 머리카락을 감다' 등의 표현을 만들어 보았습니다. '얼굴, 머리카락'만 알고 지나갈 수는 없죠? 아직 우리가 알아야 할 기본적인 신체 명사들이 많은데요. 이번에는 여러 가지 신체 명사를 한번 마스터해 보도록 해요!

- **nez** [네] **n.m.** 코
- **oreille** [오헤이으] **n.f.** 귀

- **cou** [꾸] **n.m.** 목
- **genou** [쥬누] **n.m.** 무릎

- **peau** [쁘] **n.f.** 피부
- **doigt** [두아] **n.m.** 손가락

- **lèvre** [레브흐] **n.f.** 입술
- **bouche** [부슈] **n.f.** 입

France

문화 탐방 · 낭만이 깃든 다리 '퐁뇌프'

건축 문화

이번 시간에는 중세 시대 파리지앵들의 주요 만남의 장소이자, 연인들의 다리로 알려진 퐁뇌프(Pont Neuf)를 소개해 드리려고 해요. 영화 <퐁네프의 연인들>의 배경이기도 한 퐁뇌프는 시테섬(Île de la Cité) 서쪽 끝을 지나는 다리로, 16세기 후반 앙리 3세를 시작으로 17세기 초 앙리 4세 때 완공된, 센강(Seine) 일대에서 가장 오래된 다리랍니다. 그런데 아이러니하게도 센강의 다리 중 가장 오래된 퐁뇌프가 '새로운 다리'라는 뜻을 지니고 있다는 것을 알고 계시나요?

퐁뇌프 다리는 건설 당시 매우 혁신적인 건축물이라는 호평을 받았습니다. 다리를 건설하게 된 배경에 걸맞게 실용적이면서도 예술적인 아름다움까지 고루 갖추고 있었기 때문인데요. 당시 파리는 도시 발전으로 인한 급격한 인구 증가와 그로 인한 통행량 증가로 많은 시민들이 불편을 겪고 있었어요. 좁은 면적에도 불구하고 건물까지 빼곡하게 자리 잡은 오래된 다리를 어마어마한 규모의 인파가 지나다니기에는 너무 위험했던 것이죠. 그래서 앙리 3세(Henri III)는 시민들이 안전하게 다리를 이용할 수 있도록, 전례 없는 스타일의 다리를 설계하도록 명했습니다. 최초의 포장도로이면서 건물이 없는, 통행에 용이한 다리로 말이지요. 그렇게 얻게 된 다리의 이름이 바로 새로운 다리, '퐁뇌프'입니다.

다리의 외벽을 장식하고 있는 380여 종 이상의 얼굴 모양 조각은 그냥 지나칠 수 없는 볼거리인데요. 그 이유는 조각 하나하나가 제각기 다른 표정을 짓고 있기 때문입니다. 실용성과 아름다움을 두루 갖춘 퐁뇌프는 모네와 같은 인상파 작가들의 그림에 등장하기도 한답니다. 센강의 가장 오래된 역사를 담고 있는 퐁뇌프 다리를 여러분도 꼭 한번 걸어 보세요!

Leçon 16

D'habitude, je me couche vers minuit.

평소에 나는 자정경에 잡니다.

학습 | 목표
- SE COUCHER(자다), SE DOUCHER(샤워하다), SE DÉSHABILLER(옷을 벗다) 동사의 단수·복수 인칭 학습하기
- '평소에, ~경에(무렵)' 활용하여 문장 만들기

학습 | 단어

vers [베흐] ~경에, 무렵 | **matin** [마땅] n.m. 아침 | **soir** [수아흐] n.m. 저녁 | **peut-être** [쁴떼트흐] 아마도

ÉTAPE 01 지난 시간 떠올리기

▶ 지난 시간 학습했던 내용들을 떠올려 볼까요?

1 se lever

주어는	일어난다
Je	me lève [므 레브]
Tu	te lèves [뜨 레브]
Il / Elle	se lève [쓰 레브]
On	
Nous	nous levons [누 르봉]
Vous	vous levez [부 르베]
Ils / Elles	se lèvent [쓰 레브]

2 se laver

주어는	씻는다
Je	me lave [므 라브]
Tu	te laves [뜨 라브]
Il / Elle	se lave [쓰 라브]
On	
Nous	nous lavons [누 라봉]
Vous	vous lavez [부 라베]
Ils / Elles	se lavent [쓰 라브]

3 s'habiller

주어는	옷을 입는다
Je	m'habille [마비으]
Tu	t'habilles [따비으]
Il / Elle	s'habille [싸비으]
On	
Nous	nous habillons [누 자비용]
Vous	vous habillez [부 자비예]
Ils / Elles	s'habillent [싸비으]

▲ 오늘의 미션   학습이 끝나면 이 문장을 완벽하게 말할 수 있어요!

A: 너는 몇 시에 자니?

B: 평소에 나는 자정경에 자.

> ✔ 숫자 65 soixante-cinq [수아썽뜨 쌍끄]

자다 se coucher [쓰 꾸셰]

지난 시간에는 하루 중 일어나서 씻고 옷을 입는 등 아침 일과와 관련된 동사들을 학습했다면 이번에는 저녁 일과에 해당하는 동사들을 알려드리려고 합니다. 가장 먼저 se coucher 동사를 학습해 보도록 해요. se coucher는 본래 '재우다'라는 뜻의 동사 coucher 앞에 재귀대명사가 붙은 대명동사로, '스스로를 재우다', 즉 '자다'라는 의미를 지닌답니다.

주어는	잔다
Je	me couche [므 꾸슈]
Tu	te couches [뜨 꾸슈]
Il / Elle	se couche [쓰 꾸슈]
On	
Nous	nous couchons [누 꾸숑]
Vous	vous couchez [부 꾸셰]
Ils / Elles	se couchent [쓰 꾸슈]

1) ~시경에, 무렵 vers [베흐]

지난 시간에는 전치사 à를 활용하여 '~시에 일어나다'로 표현했다면 이번에는 '~경에, 무렵'에 해당하는 전치사 vers를 활용하여 '~시경에 자다'와 같은 표현을 만들어 보겠습니다.

❶ ~시경에 자다: se coucher + vers 시간

✔ 나는 저녁 9시경에 잔다. → Je me couche vers neuf heures du soir.

✔ 너는 저녁 10시경에 잔다. → Tu te couches vers dix heures du soir.

✔ 우리는 저녁 11시경에 잔다. → Nous nous couchons vers onze heures du soir.

✔ 당신은 자정경에 잔다. → Vous vous couchez vers minuit.

2 ne pas se coucher

대명동사의 부정문 형태를 잘 기억하고 있는지 한번 확인해 볼까요? 재귀대명사와 동사는 부정문에서 서로 떼려야 뗄 수 없는 짝꿍이라고 거듭 강조했던 것, 기억하시죠? 부정문을 만들 때에는 '재귀대명사 +동사'의 앞뒤로 ne pas를 붙여 주세요.

주어는	자지 않는다
Je	ne me couche pas [느 므 꾸슈 빠]
Tu	ne te couches pas [느 뜨 꾸슈 빠]
Il / Elle	ne se couche pas [느 쓰 꾸슈 빠]
On	
Nous	ne nous couchons pas [느 누 꾸숑 빠]
Vous	ne vous couchez pas [느 부 꾸셰 빠]
Ils / Elles	ne se couchent pas [느 쓰 꾸슈 빠]

✔ 그는 일찍 자지 않는다.　　　　→ Il ne se couche pas tôt.

✔ 그녀들은 늦게 자지 않는다.　　　→ Elles ne se couchent pas tard.

3 샤워하다 se doucher [쓰 두셰]

이번에는 se doucher 동사를 학습해 봅시다. se doucer는 '샤워시키다, 흠뻑 적시다'라는 뜻의 동사 doucher 앞에 재귀대명사가 붙은 형태로, '스스로를 샤워시키다' 즉, '샤워하다'라는 뜻의 대명동사입니다. 재귀대명사의 변형을 떠올리면서 단수·복수 인칭 변형을 연습해 볼까요?

주어는	샤워한다
Je	me douche [므 두슈]
Tu	te douches [뜨 두슈]
Il / Elle	se douche [쓰 두슈]
On	
Nous	nous douchons [누 두숑]
Vous	vous douchez [부 두셰]
Ils / Elles	se douchent [쓰 두슈]

'샤워하다' 동사를 익혔으니 우리가 익히 알고 있는 '아침, 저녁' 명사를 활용하여 문장을 만들어 봅시다.
프랑스어 문장에서는 추가적인 전치사 없이 정관사와 함께 le matin, le soir를 쓰면 각각 '아침에, 저녁에'
라는 표현이 된답니다.

아침	저녁
le matin	le soir
[르 마땅]	[르 수아흐]

✔ 나는 아침에 샤워한다. → Je me douche le matin.

✔ 그녀는 저녁에 샤워한다. → Elle se douche le soir.

✔ 당신은 아침에 샤워하지 않는다. → Vous ne vous douchez pas le matin.

✔ 그들은 저녁에 샤워하지 않는다. → Ils ne se douchent pas le soir.

4 **옷을 벗다 se déshabiller [쓰 데자비예]**

하루 일과를 마치고 집으로 돌아와서 하는 일 중 하나가 바로 옷을 갈아입는 것이죠. 이번에는 'se
déshabiller(옷을 벗다)'라는 동사를 배워 볼 텐데요. 혹시 전에 배웠던 동사 중 하나가 떠오르지 않나요?
맞습니다. 's'habiller(옷을 입다)'와 비슷하게 생겼죠? se déshabiller 동사는 '옷을 입다' 동사 앞에 접두
사 dés가 붙은 형태예요. dé나 dés와 같은 접두사가 동사나 명사 앞에 붙으면 본래 의미와 반대되는 뜻
을 갖게 된답니다.

주어는	옷을 벗는다
Je	me déshabille [므 데자비으]
Tu	te déshabilles [뜨 데자비으]
Il / Elle	se déshabille [쓰 데자비으]
On	
Nous	nous déshabillons [누 데자비용]
Vous	vous déshabillez [부 데자비예]
Ils / Elles	se déshabillent [쓰 데자비으]

☝ 나는 옷을 벗는다.	→ Je me déshabille.
☝ 너는 옷을 벗는다.	→ Tu te déshabilles.
☝ 우리는 옷을 벗지 않는다.	→ Nous ne nous déshabillons pas.
☝ 당신은 옷을 벗지 않는다.	→ Vous ne vous déshabillez pas.

 5 **순서를 나타내는 연결사**

이제 '자다, 샤워하다, 옷을 벗다' 동사까지 모두 마스터했으니, 저녁 일과를 순서대로 이야기해 봅시다. 지난 시간에 배웠던 연결사들을 활용하여 순서를 나타내는 문장을 만들어 볼까요?

가장 먼저	tout d'abord [뚜 다보흐]
그 다음에	ensuite [엉쉿뜨]
그 후에	puis [쀠]

☝ 가장 먼저 나는 옷을 벗는다.	→ Tout d'abord, je me déshabille.
☝ 그 다음에 나는 샤워한다.	→ Ensuite, je me douche.
☝ 그 후에 나는 자정경에 잔다.	→ Puis, je me couche vers minuit.

☝ 너는 몇 시에 자니?	→ Tu te couches à quelle heure ?

Tip quand을 활용하여 '언제 자니?'라고 물을 수 있지만 quelle heure를 활용하여 '몇 시에 자니?'로도 물을 수도 있습니다. 또 전치사 à 대신 vers를 활용하여 'Tu te couches vers quelle heure ?(너는 몇 시경에 자니?)'로도 질문이 가능하답니다.

대화로 말해 보기

▶ 오늘 배운 문장들을 활용하여 대화를 나눠 봐요!

A | 너는 몇 시에 자니? → Tu te couches à quelle heure ?

B | 평소에 나는 자정경에 자. → **D'habitude**, je me couche vers
[다비뛰드]
minuit.

A | 왜? → Pourquoi ?

B | 가장 먼저 나는 저녁에 샤워를 해. → Tout d'abord, je me douche le soir.

그 다음에 나는 텔레비전을 봐. Ensuite, je regarde la télévision.

그 후에 나는 잠을 자. Puis, je me couche.

🔺 미션 확인   오늘의 핵심 문장을 완벽하게 외워 봅시다.

A: 너는 몇 시에 자니?
→ Tu te couches à quelle heure ?

B: 평소에 나는 자정경에 자.
→ D'habitude, je me couche vers minuit.

연습 문제

▶ 문제를 풀어 보면서 공부한 내용들을 완전히 내 것으로 만들어 봐요!

 밑줄에 들어갈 알맞은 대명동사를 써 보세요.

1. 자다 _____

2. 샤워하다 _____

3. 옷을 벗다 _____

2 주어진 낱말들로 문장을 만드세요.

1. 그는 저녁 11시경에 잔다.
   (heures / il / soir / se / vers / couche / onze / du)

   _____

2. 우리들은 늦게 자지 않는다.
   (nous / tard / pas / nous / ne / couchons)

   _____

3. 그들은 아침에 샤워한다.
   (se / le / douchent / matin / ils)

   _____

4. 당신은 옷을 벗지 않는다.
   (ne / vous / pas / vous / déshabillez)

   _____

5. 너는 몇 시에 자니?
   (à / te / quelle / tu / heure / couches)

   _____

3 **해석을 참고하여 프랑스어로 작문해 보세요.**

1. 당신은 몇 시에 잡니까?

_____

2. 평소에 나는 자정경에 자.

_____

3. 가장 먼저 나는 저녁에 샤워를 해.

_____

4. 그 다음에 나는 텔레비전을 봐.

_____

5. 그 후에 나는 잠을 자.

_____

4 **주어진 부사를 활용하여 문장을 완성해 보세요.**

habituellement [아비뛰엘르멍] adv. 습관적으로, 보통, 통상

1. 보통 나는 저녁 10시경에 잔다. _____

2. 보통 당신은 아침에 샤워한다. _____

3. 보통 그녀는 자정경에 잔다. _____

4. 보통 그들은 저녁에 샤워하지 않는다. _____

다음 중 알맞은 문장을 골라 체크해 보세요.

1. 당신은 몇 시에 잡니까?
   (a. Vous vous couchez à quelle heure ? /
     b. Vous couchez à quelle heure ?)

2. 평소에 나는 자정경에 잔다.
   (a. D'habitude, je me couche vers minuit. /
     b. D'habitude, je me couche à minuit.)

3. 당신은 옷을 벗지 않는다.
   (a. Vous vous déshabillez. / b. Vous ne vous déshabillez pas.)

4. 그들은 저녁에 샤워한다.
   (a. Ils se couchent le soir. / b. Ils se douchent le soir.)

5. 그 다음에 나는 텔레비전을 봐.
   (a. Ensuite, je regarde la télévision. /
     b. Tout d'abord, je regarde la télévision.)

정답

1 1. se coucher 2. se doucher 3. se déshabiller

2 1. Il se couche vers onze heures du soir. 2. Nous ne nous couchons pas tard. 3. Ils se douchent le matin. 4. Vous ne vous déshabillez pas. 5. Tu te couches à quelle heure ?

3 1. Vous vous couchez à quelle heure ? 2. D'habitude, je me couche vers minuit. 3. Tout d'abord, je me douche le soir.
4. Ensuite, je regarde la télévision. 5. Puis, je me couche.

4 1. Habituellement, je me couche vers dix heures du soir. 2. Habituellement, vous vous douchez le matin.
3. Habituellement, elle se couche vers minuit. 4. Habituellement, ils ne se douchent pas le soir.

5 1. a 2. a 3. b 4. b 5. a

표현 더하기

▶ 오늘 배운 내용과 관련된 다양한 표현을 익혀 봐요!

아마도!
Peut-être ! [쁴떼트흐]

peut-être는 영어의 maybe에 해당하는 부사입니다. '어쩌면, 아마도'라는 뜻으로, 어떤 일에 대한 가능성을 나타낼 때 쓰는 표현이에요. 일상에서 자주 사용하는 말이죠? 저는 친구들을 위한 선물을 고를 때마다 굉장히 고민하는 편인데요. 친한 친구에게 조언을 구하면서 '이걸 그 친구가 좋아할까?'라고 물을 때마다 친구가 '글쎄, 아마도?' 식으로 건성 대답을 해서 자주 티격태격했던 기억이 납니다. 확실하지는 않지만 가능성이 있는 상황에서 이 표현을 사용해 보세요.

❗클라라 선생님의 꿀팁

du soir, le soir의 차이는 무엇인가요?

• **Je me couche vers neuf heures du soir** 나는 저녁 9시경에 잔다.
• **Je me douche le soir** 나는 저녁에 샤워한다.

이 두 문장은 어떤 차이가 있길래 첫 번째 예문에서는 **du soir**가 쓰이고 두 번째 예문에서는 **le soir**가 쓰였을까요? 아주 간단합니다. 프랑스어 문장에서 '아침에, 저녁에'라는 표현을 쓰고 싶을 때에는 별다른 전치사 없이 문장 끝에 각각 '**le matin, le soir**'를 써 주면 되는데요. '아침 ~시경, 저녁 ~시경'처럼 시간이 들어가는 경우에는 '~의'라는 뜻의 전치사 **de**가 필요하답니다. '아침 9시경'을 예로 들면, '아무 9시가 아닌 아침'의 9시이기 때문에 '~의'라는 의미의 전치사 **de**를 사용해야 하는 것이죠. '저녁 9시경'도 마찬가지로 그냥 9시가 아닌 저녁'의 9시를 뜻하는 것이기 때문에 전치사 **de**를 활용하여 **du matin, du soir**로 써야 한답니다. 꼭 기억해 주세요!

France

문화탐방

프랑스에도 만우절이?!

축제문화

한국의 만우절처럼 프랑스에도 만우절이 있다는 것과 만우절의 기원이 프랑스라는 것, 여러분은 알고 계셨나요? 이번 시간에는 프랑스의 만우절에 대해 함께 알아보도록 해요.

만우절은 16세기 프랑스에서 시작되었는데요. 우리나라에서는 가벼운 거짓말이나 속임수로 상대를 놀려 주는 것이 만우절을 즐기는 방법이라면, 프랑스에서는 물고기 모양의 그림을 상대방의 등에 몰래 붙여 하루 종일 들키지 않는 것이 만우절을 즐기는 방법이랍니다. 나중에 상대방이 그것을 알아차렸을 때에는 '만우절이야!(Poisson d'avril ! [뿌아쏭 다브힐])'라고 크게 외치면서 상대방을 놀리는 것이 포인트예요. 그렇다면 이렇게 상대방의 등에 물고기를 붙이는 전통은 어디에서 유래된 것일까요?

16세기에는 신년이 1월 1일이 아닌 3월 말이었는데요. 모든 사람들이 신년을 기념하는 의미로 4월 1일까지 축제를 열었답니다. 그리고 신년 축제 마지막 날인 4월 1일에는 이웃끼리 서로에게 음식 선물을 주고받는 풍습이 있었죠. 그런데 1564년도에 샤를 9세(Charles IX)의 결정에 의해 새해 첫날이 1월 1일로 변경되었고, 지리적인 여건 때문에 이 소식을 미처 접하지 못한 사람들이나, 새로운 방법에 반기를 든 사람들이 여전히 4월 1일을 신년으로 여겨 선물을 준비했답니다. 이것을 시작으로 재미를 위해 4월 1일이 되면 가짜 선물을 교환하는 풍습이 생겨나게 되었습니다. poisson은 '물고기', d'avril은 '4월의'라는 뜻으로 poisson d'avril를 직역하면 '4월의 물고기'를 뜻하는데요. 4월 1일은 고기 섭취가 금기시되던 사순절 기간의 끝이기도 했기 때문에 주로 생선을 선물했고, 신년이 1월 1일로 바뀌면서 사람들끼리 재미로 가짜 생선을 주고받던 풍습이 오늘날까지도 이어지는 것이랍니다.

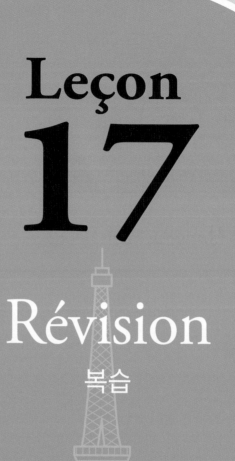

Leçon 17

Révision

복습

학습 | 목표	• 배운 내용들을 바탕으로 하루 일과 소개하기

| 학습 \| 단어 | **dent** [덩] n.f. 치아 \| **main** [망] n.f. 손 \| **petit-déjeuner** [쁘띠 데죄네] n.m. 아침 식사 \| **déjeuner** [데죄네] n.m. 점심 식사 \| **dîner** [디네] n.m. 저녁 식사 \| **parc** [빠흐끄] n.m. 공원 |

지난 시간 떠올리기

▶ 지난 시간 학습했던 내용들을 떠올려 볼까요?

🏔오늘의 미션 학습이 끝나면 이 문장을 완벽하게 말할 수 있어요!

나는 공원에서 산책한다.

✔ 숫자 66 soixante-six [수아썽뜨 씨쓰]

복습1

두 강에 걸쳐 재귀적 용법에 해당하는 여러 대명동사들을 배워 보았는데요. 일상에서 자주 사용되는 동사들 중 대명동사도 큰 비중을 차지하고 있으니 완벽하게 마스터하고 넘어가야 한답니다. 그래서 여러분을 위해 복습 강의를 준비했습니다! 마지막에는 아침부터 저녁까지의 일과를 소개하는 코너도 마련해 놓았으니 일어나다 동사부터 차근차근 복습을 시작해 볼까요?

① **일어나다 se lever [쓰 르베]**

주어는	일어난다
Je	me lève [므 레브]
Tu	te lèves [뜨 레브]
Il / Elle	se lève [쓰 레브]
On	
Nous	nous levons [누 르봉]
Vous	vous levez [부 르베]
Ils / Elles	se lèvent [쓰 레브]

✔ ~시에 일어나다 ➡ se lever + à 시간

✔ 일찍 일어나다 ➡ se lever tôt

✔ 늦게 일어나다 ➡ se lever tard

Tip 시간은 '숫자+heure(s)' 형태로 표현합니다.

② 씻다 se laver [쓰 라베]

주어는	씻는다
Je	me lave [므 라브]
Tu	te laves [뜨 라브]
Il / Elle	se lave [쓰 라브]
On	
Nous	nous lavons [누 라봉]
Vous	vous lavez [부 라베]
Ils / Elles	se lavent [쓰 라브]

Tip 대명동사는 동사의 행위가 주체에게 돌아오기 때문에 se laver 동사 뒤 신체 명사는 소유 형용사를 사용하지 않습니다.

 얼굴을 씻다 → se laver le visage

 머리카락을 감다 → se laver les cheveux

추가로 '치아, 손'에 해당하는 신체 명사도 같이 알아볼까요? 'se laver(씻다)' 동사 뒤에 치아를 뜻하는 명사가 오는 경우 '양치질하다'로 해석되는데요. se laver 뒤에 '치아, 손' 명사를 쓸 때에는 일반적으로 복수 형태로 사용합니다.

치아	손
les dents	les mains
[레 덩]	[레 망]

Tip dentiste(치과 의사)는 dent(치아)이라는 명사에서 파생되었습니다.

 양치질하다 → se laver les dents

 손을 씻다 → se laver les mains

③ 옷을 입다 s'habiller [싸비예]

주어는	옷을 입는다
Je	m'habille [마비으]
Tu	t'habilles [따비으]
Il / Elle	s'habille [싸비으]
On	
Nous	nous habillons [누 자비용]
Vous	vous habillez [부 자비예]
Ils / Elles	s'habillent [싸비으]

Tip habiller는 무음 h로 시작하는 동사이므로 재귀대명사와 동사 사이에 모음 충돌이 일어나 축약됩니다.

자다 se coucher [쓰 꾸셰]

주어는	잔다
Je	me couche [므 꾸슈]
Tu	te couches [뜨 꾸슈]
Il / Elle	se couche [쓰 꾸슈]
On	
Nous	nous couchons [누 꾸숑]
Vous	vous couchez [부 꾸셰]
Ils / Elles	se couchent [쓰 꾸슈]

☑ ~시경에 자다 ➡ se coucher + vers 시간

 샤워하다 se doucher [쓰 두셰]

주어는	샤워한다
Je	me douche [므 두슈]
Tu	te douches [뜨 두슈]
Il / Elle	se douche [쓰 두슈]
On	
Nous	nous douchons [누 두숑]
Vous	vous douchez [부 두셰]
Ils / Elles	se douchent [쓰 두슈]

(Tip) se doucher 동사는 보어가 필요 없기 때문에 단독으로 쓰입니다.

☑ 아침에 샤워하다 ➡ se douche le matin.

☑ 저녁에 샤워하다 ➡ se douche le soir.

 옷을 벗다 se déshabiller [쓰 데자비예]

주어는	옷을 벗는다
Je	me déshabille [므 데자비으]
Tu	te déshabilles [뜨 데자비으]
Il / Elle	se déshabille [쓰 데자비으]
On	
Nous	nous déshabillons [누 데자비용]
Vous	vous déshabillez [부 데자비예]
Ils / Elles	se déshabillent [쓰 데자비으]

복습2

지난 시간에 배운 내용들을 충분히 복습했다면, 이번에는 식사 관련 표현을 알려드리겠습니다.
'prendre(먹다)' 동사와 식사 관련 명사들을 활용하여 문장을 만들어 볼까요?

1 식사 관련 명사

아침 식사	점심 식사	저녁 식사
le petit-déjeuner	le déjeuner	le dîner
[르 쁘띠 데죄네]	[르 데죄네]	[르 디네]

> **Tip** petit-déjeuner를 직역하면 '작은 점심'이라는 뜻으로 '점심 식사 전에 하는 식사', 즉 '아침 식사'라는 의미가 됩니다.

2 아침 / 점심 / 저녁을 먹다

prendre	son (소유 형용사)	petit-déjeuner
		déjeuner
		dîner

> **Tip** 영어에서도 소유 형용사를 활용하여 have one's breakfast/diner라고 하듯, 프랑스어도 마찬가지로 명사 앞에 인칭에 적합한 소유 형용사를 붙여 줍니다.

🍴 나는 아침을 먹는다.   ➡ Je prends mon petit-déjeuner.

🍴 그는 점심을 먹는다.   ➡ Il prend son déjeuner.

🍴 당신은 저녁을 먹는다.   ➡ Vous prenez votre dîner.

3 산책하다 se promener [쓰 프호므네]

대명동사 관련 강의를 마치기 전에 마지막으로 'se promener(산책하다)' 동사를 알려드리겠습니다. se promener는 '산책시키다'라는 의미의 동사 promener 앞에 재귀대명사가 붙은 형태로, 동사의 행위가 주어에게 돌아가 '스스로를 산책시키다', 즉 '산책하다'라는 의미를 나타내는 대명동사입니다. 함께 읽어 볼까요?

주어는	산책한다
Je	me promène [므 프호멘느]
Tu	te promènes [뜨 프호멘느]
Il / Elle	se promène [쓰 프호멘느]
On	
Nous	nous promenons [누 프호므농]
Vous	vous promenez [부 프호므네]
Ils / Elles	se promènent [쓰 프호멘느]

~ 안에서 dans [덩]

이번에는 새로운 장소 전치사를 학습해 보려고 해요. '~ 안에서'라는 뜻의 전치사 dans은 주로 제한되거나 닫힌 장소에서 사용되는 전치사로, '~ 공간 안에서'라는 뉘앙스를 띱니다. 장소 전치사 뒤에 명사는 주로 정관사와 함께 쓰인다는 점을 떠올리면서 문장을 만들어 봅시다.

공원
le parc
[르 빠흐끄]

🦶 공원에서 산책하다   ➡ se promener dans le parc

🦶 나는 공원에서 산책한다.   ➡ Je me promène dans le parc.

🦶 우리는 공원에서 산책한다. ➡ Nous nous promenons dans le parc.

> **Tip** se promener dans le parc는 '공원(이라는 공간 안)에서 산책하다'라는 뉘앙스를 띱니다.

⑤ 순서를 나타내는 연결사

하루 일과를 소개하기에 앞서, 마지막으로 순서를 나타내는 연결사를 다시 한번 짚고 넘어가는 게 좋겠죠? 여러 번 반복하면서 완벽하게 자신의 것으로 만들어 보세요.

가장 먼저	tout d'abord [뚜 다보흐]
그 다음에	ensuite [엉쉿뜨]
그 후에	puis [쀠]

⑥ 나의 하루 일과 말하기

이번 복습의 하이라이트! 배운 내용을 바탕으로 하루 일과를 자세히 이야기해 봅시다. 지금까지 우리가 배웠던 프랑스어 지식을 총동원해서 아침 일과와 저녁 일과를 소개해 볼 텐데요. 연결사를 활용하여 매끄럽게 순서를 표현하는 것도 잊지 마세요!

보통 나는 7시에 일어난다.	→ En général, je me lève à sept heures.
가장 먼저 나는 얼굴을 씻는다.	→ Tout d'abord, je me lave le visage.
그 다음에 나는 아침을 먹는다.	→ Ensuite, je prends mon petit-déjeuner.
그 후에 나는 양치를 한다.	→ Puis, je me lave les dents.
나는 옷을 입고 나는 학교에 간다.	→ Je m'habille et je vais à l'école.
나는 16시에 나의 집에 도착한다.	→ J'arrive chez moi à seize heures.
그리고 나는 텔레비전을 본다.	→ Et je regarde la télévision.
나는 공원에서 산책한다.	→ Je me promène dans le parc.
나는 저녁을 먹고 나는 샤워한다.	→ Je prends mon dîner et je me douche.
나는 자정경에 잔다.	→ Je me couche vers minuit.

대화로 말해 보기

▶ 오늘 배운 문장들을 활용하여 대화를 나눠 봐요!

A | 너는 몇 시에 일어나니? → Tu te lèves à quelle heure ?

B | 보통 나는 7시에 일어나. → En général, je me lève à sept heures.

A | 그 다음에 너는 무엇을 하니? → Ensuite, que fais-tu ?

B | 나는 얼굴을 씻어. → Je me lave le visage.

그 다음에 나는 아침을 먹어. Ensuite, je prends mon petit-déjeuner.

그 후에 나는 양치를 해. Puis, je me lave les dents.

나는 옷을 입고 나는 공원에서 Je m'habille et je me promène dans
산책해. le parc.

▲ 미션 확인   오늘의 핵심 문장을 완벽하게 외워 봅시다.

나는 공원에서 산책한다. → Je me promène dans le parc.

연습 문제

▶ 문제를 풀어 보면서 공부한 내용들을 완전히 내 것으로 만들어 봐요!

① 밑줄에 들어갈 알맞은 단어를 정관사와 함께 써 보세요.

1. 아침 식사

_____

2. 점심 식사

_____

3. 저녁 식사

_____

② 주어진 낱말들로 문장을 만드세요.

1. 우리는 공원에서 산책한다. (dans / promenons / nous / nous / parc / le)

_____

2. 당신은 점심을 먹는다. (vous / déjeuner / votre / prenez)

_____

3. 그들은 손을 씻지 않는다. (pas / ne / mains / lavent / ils / se / les)

_____

4. 그녀들은 공원에서 산책하지 않는다.
(le / se / elles / pas / promènent / dans / parc / ne)

_____

5. 나는 아침을 먹는다. (petit-déjeuner / je / mon / prends)

_____

③ 일과를 소개하는 내용의 해석을 보고 프랑스어로 작문해 보세요.

1. 보통 나는 6시경에 일어난다.

_____

2. 가장 먼저 나는 샤워한다.

_____

3. 그 다음에 나는 아침을 먹는다.

_____

4. 그 후에 나는 손을 씻는다.

5. 나는 옷을 입고 나는 학교에 간다.

6. 나는 저녁 6시경에 나의 집에 도착한다.

7. 그리고 나는 라디오를 듣는다.

8. 그 다음에 나는 공원에서 산책한다.

9. 그 후에 나는 저녁을 먹고 나는 양치를 한다.

10. 나는 자정경에 잔다.

11. 가장 먼저 나는 일찍 일어난다.

12. 그리고 나는 아침을 먹는다.

13. 그 다음에 나는 샤워한다.

14. 그 후에 나는 옷을 입고 사무실에 간다.

15. 나는 저녁 7시경에 나의 집에 도착한다.

16. 나는 저녁을 먹고 나는 머리를 감는다.

17. 나는 늦게 잔다.

정답

1 1. le petit-déjeuner 2. le déjeuner 3. le dîner

2 1. Nous nous promenons dans le parc. 2. Vous prenez votre déjeuner. 3. Ils ne se lavent pas les mains. 4. Elles ne se promènent pas dans le parc. 5. Je prends mon petit-déjeuner.

3 1. En général, je me lève vers six heures. 2. Tout d'abord, je me douche. 3. Ensuite, je prends mon petit-déjeuner. 4. Puis, je me lave les mains. 5. Je m'habille et je vais à l'école. 6. J'arrive chez moi vers six heures du soir. 7. Et j'écoute la radio. 8. Ensuite, je me promène dans le parc. 9. Puis, je prends mon dîner et je me lave les dents. 10. Je me couche vers minuit. 11. Tout d'abord, je me lève tôt. 12. Et je prends mon petit-déjeuner. 13. Ensuite, je me douche. 14. Puis, je m'habille et je vais au bureau. 15. J'arrive chez moi vers sept heures du soir. 16. Je prends mon dîner et je me lave les cheveux. 17. Je me couche tard.

가로풀이

1. '일하다'를 뜻하는 1군 규칙 동사
3. '지금'을 뜻하는 부사
5. '도착하다'를 뜻하는 1군 규칙 동사
7. '~시'를 뜻하는 여성 명사
9. 7월

세로풀이

2. '산책하다'를 뜻하는 대명동사
   SE ____
4. '얼만큼, 얼마나'를 뜻하는 의문사
6. '고요한, 평온한'을 뜻하는 형용사
8. '기차역'을 뜻하는 여성 명사
10. '기차'를 뜻하는 남성 명사

세로 정답 ② PROMENER ④ COMBIEN ⑥ TRANQUILLE ⑧ GARE ⑩ TRAIN

가로 정답 ① TRAVAILLER ③ MAINTENANT ⑤ ARRIVER ⑦ HEURE ⑨ JUILLET

❗클라라 선생님의 꿀팁

'간식'을 프랑스어로?

프랑스에서는 점심 식사와 저녁 식사 사이 출출한 시간대인 오후 **4**시에 간식을 먹는답니다. 그래서 어린이, 청소년들은 구어적인 표현으로 간식을 **quatre-heures** [까트흐 외흐](남성 명사)라고 해요. 이 외에도 **goûter** [구떼](남성 명사), **collation** [꼴라씨옹](여성 명사)과 같이 남녀노소 할 것 없이 통상적으로 쓰이는 표현도 있으니 기억해 주세요!

문화 탐방

프랑스 생활 속의 '에티켓'

**예절
문화**

오늘은 일상 속에 녹아 있는 프랑스의 독특한 에티켓을 알아보려고 합니다.

1. 코가 막힐 때에는 그 자리에서 풀어라! 공공장소나 공적인 자리에서 코를 '팽!'하고 푸는 행위는 한국에서 상당히 무례한 행동으로 간주되지만 프랑스에서는 정반대랍니다. 오히려 꽉 막힌 코를 풀지 않고 계속 훌쩍거리는 것을 상대방을 배려하지 않는 행위라고 느낍니다. 실제로 프랑스에서는 남녀노소 불문하고 휴대용 티슈를 꺼내 시원하게 코를 푸는 모습을 쉽게 목격할 수 있어요. 사적인 모임이나 공적인 자리에서 너무 큰 소리로 코를 푸는 것도 실례가 되겠지만, 코를 훌쩍이는 것보다는 그 자리에서 빨리 해결하고 끝내는 것이 상대를 배려하는 행위라는 것, 기억해 주세요.

2. 식사에 초대받았을 때는 10분 이상 일찍 가지 말자! 지인의 초대로 가정집에서 식사를 하게 되었을 때, 너무 늦는 것도 실례지만 너무 일찍 가는 것도 큰 실례가 될 수 있습니다. 일찍 도착해서 힘든 식사 준비를 돕고자 하는 행위라도, 상대방에게는 오히려 배려 없는 행동으로 비춰질 수 있기 때문인데요. 식사 자리의 주최자가 여유를 갖고 식사를 준비할 수 있도록 충분한 시간을 주는 것도 배려의 한 종류랍니다.

3. 식사할 때는 항상 테이블 위에 손을 올려라! 프랑스에서는 식사를 할 때 두 손이 늘 테이블 위에 올라와 있어야 합니다. 두 손으로 포크와 나이프를 쥐고 음식을 먹을 때에도 그렇지만 한 손으로 수프를 먹을 때도 마찬가지예요. 단, 팔꿈치까지 테이블 위에 올리는 것은 식사 예절에 어긋나므로 팔목 살짝 올라오는 부분까지만 테이블 위에 얹고 식사해 주세요. 또 음식을 먹기 위해 고개를 너무 낮게 숙이는 동작보다는 접시를 얼굴 주변까지 올려 음식을 먹는 것이 올바른 식사법이랍니다. 밥그릇을 손으로 들고 식사하는 것이 예절에 어긋나는 우리나라와는 사뭇 다르죠?

Partie 07
나는 파리에 1년 동안 살았습니다.

학습 목표 복합 과거시제 활용하여 과거의 일 말하기

J'ai habité à Paris pendant un an.

Leçon
18

J'ai habité à Paris pendant un an.

나는 파리에 1년 동안 살았습니다.

학습 | 목표
- 복합 과거시제 만드는 법 학습하기
- 복합 과거시제와 1군, 2군 동사 활용하여 과거의 일 말하기

학습 | 단어

hier [이에흐] adv. 어제 | **pendant** [뻥덩] ~ 동안 | **Je plaisante** [쥬 쁠레정뜨] 농담 이야

ÉTAPE 01 지난 시간 떠올리기

▶ 지난 시간 학습했던 내용들을 떠올려 볼까요?

 산책하다 se promener [쓰 프호므네]

지난 시간에는 복습 과를 통해 지금까지 배웠던 대명동사들을 활용하여 자신의 일상을 소개해 보는 시간을 가졌습니다. 또한 추가로 '산책하다' 동사도 학습했는데요. 새로운 내용으로 넘어가기 전에 'se promener(산책하다)' 동사의 단수·복수 인칭 변형을 떠올려 보도록 합시다.

주어는	산책한다
Je	me promène [므 프호멘느]
Tu	te promènes [뜨 프호멘느]
Il / Elle	se promène [쓰 프호멘느]
On	
Nous	nous promenons [누 프호므농]
Vous	vous promenez [부 프호므네]
Ils / Elles	se promènent [쓰 프호멘느]

오늘의 미션 학습이 끝나면 이 문장을 완벽하게 말할 수 있어요!

A: 당신은 파리에 살았나요?

B: 네, 나는 파리에 1년 동안 살았어요.

☘ 숫자 **67 soixante-sept** [수아썽뜨 쎄뜨]

ÉTAPE 02 오늘의 학습

▶ 오늘 배울 내용들을 살펴보고, 머릿속에 차곡차곡 담아 볼까요?

 복합 과거

이번 시간에는 프랑스어 구어체에 가장 많이 등장하는 과거시제인 복합 과거를 배울 차례입니다. 복합 과거는 과거에 완료된 행위나 사건을 표현할 때 사용하는데요. '~했니?, ~했어'와 같이 대부분의 과거 사건이나 행위는 복합 과거시제를 사용하여 표현한답니다.

> **복합 과거의 특징**
> - 과거에 완료된 행위나 사건을 표현
> - 기본 규칙: 조동사(avoir / être) + 과거분사
>   (왕래발착 동사 -être, 나머지 동사 -avoir)
> - 과거분사: 1군 동사 er ▶ é / 2군 동사 ir ▶ i

복합 과거의 기본 형태는 '조동사+과거분사'로, 조동사의 선택은 동사의 성격에 따라 두 가지로 나뉘는데요. 오고 감, 출발과 도착 등을 표현하는 왕래발착 동사의 경우 복합 과거시제에서 조동사로 être를 사용하는 반면, 이를 제외한 나머지 일반 동사들은 조동사로 avoir 동사를 사용한답니다.

문장을 만들 때에는 조동사를 주어 인칭에 맞게 동사 변화시키고 뒤에 과거분사를 붙여 줍니다. 규칙 동사에 해당하는 1군, 2군 동사들은 과거분사의 형태도 규칙성을 띠는데요. 1군 동사의 동사원형 어미 er를 é로 바꾸면 1군 동사의 과거분사 형태가, 2군 동사의 동사원형 어미 ir를 i로 바꾸면 2군 동사의 과거분사 형태가 완성됩니다. 지금부터 다양한 동사들의 과거분사 형태를 만들어 볼까요?

 ~했다: avoir + 과거분사

강의를 거듭하며 학습해 온 여러 1군 일반 동사들의 과거분사를 활용하여 복합 과거시제 문장을 만들어 봅시다. 일반 동사들은 조동사로 avoir를 사용한다는 점을 다시 한번 머릿속에 새겨 주세요!

1) 과거분사 만들기(1군동사): 어미 er ▶ é

말하다 parler	parlé
공부하다 étudier	étudié
살다 habiter	habité

먹다 manger	mangé
보다 regarder	regardé
듣다 écouter	écouté

Tip 1군 동사원형과 1군 동사의 과거분사는 발음이 동일합니다.

나는 프랑스어를 말했다. ➡ J'ai parlé français.

너는 프랑스어를 말했다. ➡ Tu as parlé français.

그는 파리에 살았다. ➡ Il a habité à Paris.

그녀는 파리에 살았다. ➡ Elle a habité à Paris.

우리는 빵을 먹었다. ➡ Nous avons mangé du pain.

당신은 빵을 먹었다. ➡ Vous avez mangé du pain.

그들은 음악을 들었다. ➡ Ils ont écouté de la musique.

그녀들은 음악을 들었다. ➡ Elles ont écouté de la musique.

③ 복합 과거 부정문

이번에는 복합 과거 부정문을 만들어 볼 차례입니다. 복합 과거시제에서는 조동사의 앞뒤로 ne pas를 붙이는데요. 조동사 avoir와 ne 사이의 모음 축약에 주의해 주세요.

1) ~하지 않았다: ne avoir pas + 과거분사

어제
hier
[이에흐]

✔ 나는 어제 공부하지 않았다.	➡ Je n'ai pas étudié hier.
✔ 너는 어제 공부하지 않았다.	➡ Tu n'as pas étudié hier.
✔ 그는 어제 공부하지 않았다.	➡ Il n'a pas étudié hier.
✔ 그녀는 어제 공부하지 않았다.	➡ Elle n'a pas étudié hier.
✔ 우리는 어제 텔레비전을 보지 않았다.	➡ Nous n'avons pas regardé la télévision hier.
✔ 당신은 어제 텔레비전을 보지 않았다.	➡ Vous n'avez pas regardé la télévision hier.
✔ 그들은 어제 텔레비전을 보지 않았다.	➡ Ils n'ont pas regardé la télévision hier.
✔ 그녀들은 어제 텔레비전을 보지 않았다.	➡ Elles n'ont pas regardé la télévision hier.

4 ~ 동안 pendant [뻥덩]

이번에는 기간을 나타낼 때 사용하는 전치사 pendant을 알려드리려고 해요. pendant은 '~동안(에)'라는 뜻으로 영어의 during에 해당합니다. pendant 뒤에 숫자 an(s)을 붙여서 만든 '~년 동안'이라는 표현을 문장에 활용해 볼까요?

✔ 1년 동안	➡ pendant un an
✔ 2년 동안	➡ pendant deux ans
✔ 3년 동안	➡ pendant trois ans

> **Tip** '~년'은 '숫자 an(s)'으로 표기합니다.

✔ 나는 파리에 1년 동안 살았다.	➡ J'ai habité à Paris pendant un an.
✔ 그는 파리에 2년 동안 살았다.	➡ Il a habité à Paris pendant deux ans.

✅ 당신은 프랑스어를 3년 동안 공부했다. ➡ Vous avez étudié le français pendant trois ans.

✅ 그녀들은 프랑스어를 5년 동안 공부했다. ➡ Elles ont étudié le français pendant cinq ans.

~했다: avoir + 과거분사

이번에는 2군 일반 동사를 활용한 복합 과거시제 문장을 만들어 보려고 합니다. 2군 동사들은 1군과 마찬가지로 조동사 avoir를 사용하며, 과거분사는 동사원형의 어미 ir를 i로 변화시키면 간단하게 완성된답니다. 하지만 2군 동사는 동사원형과 과거분사의 발음이 동일하지 않으니 유의해 주세요!

1) 과거분사 만들기(2군동사): 어미 ir ▶ i

끝내다 finir
fini

'숙제를 끝내다'와 같은 문장을 만들 때에는 소유 형용사를 사용하여 '(자신의) 숙제를 끝내다'로 표현한다는 것, 기억하시죠? 주어 인칭에 맞는 소유 형용사를 활용하여 같이 문장을 만들어 봅시다.

✅ 나는 (나의) 숙제를 끝냈다. ➡ J'ai fini mes devoirs.

✅ 너는 (너의) 숙제를 끝냈다. ➡ Tu as fini tes devoirs.

✅ 그는 (그의) 숙제를 끝내지 않았다. ➡ Il n'a pas fini ses devoirs.

✅ 당신은 (당신의) 숙제를 끝내지 않았다. ➡ Vous n'avez pas fini vos devoirs.

대화로 말해 보기

▶ 오늘 배운 문장들을 활용하여 대화를 나눠 봐요!

A | 너는 어제 프랑스어를 공부했니? → As-tu étudié le français hier ?

B | 아니, 나는 어제 프랑스어를 공부하지 않았어. 나는 음악을 들었어. → Non, je n'ai pas étudié le français hier. J'ai écouté de la musique.

A | 당신은 파리에 살았나요? → Avez-vous habité à Paris ?

B | 네, 나는 파리에 1년 동안 살았어요. → Oui, j'ai habité à Paris pendant un an.

△ 미션 확인 오늘의 핵심 문장을 완벽하게 외워 봅시다.

A: 당신은 파리에 살았나요?
→ Avez-vous habité à Paris ?

B: 네, 나는 파리에 1년 동안 살았어요.
→ Oui, j'ai habité à Paris pendant un an.

연습 문제

▶ 문제를 풀어 보면서 공부한 내용들을 완전히 내 것으로 만들어 봐요!

① 밑줄에 들어갈 알맞은 과거분사를 써 보세요.

1. 말하다 parler

2. 공부하다 étudier

3. 살다 habiter

4. 보다 regarder

5. 듣다 écouter

6. 끝내다 finir

② 주어진 낱말들로 문장을 만드세요.

1. 너는 프랑스어를 말했다. (as / français / tu / parlé)

2. 그녀들은 음악을 들었다. (la / elles / écouté / de / musique / ont)

3. 그는 어제 공부하지 않았다. (a / étudié / il / hier / n' / pas)

4. 당신은 (당신의) 숙제를 끝내지 않았다. (vous / vos / pas / fini / avez / n' / devoirs)

5. 나는 파리에 1년 동안 살았다. (an / j' / à / pendant / habité / ai / un / Paris)

3 해석을 참고하여 프랑스어로 작문해 보세요.

1. 너는 어제 프랑스어를 공부했니? (도치 의문문)

_____

2. 아니, 나는 어제 프랑스어를 공부하지 않았어.

_____

3. 나는 음악을 들었어.

_____

4. 당신은 파리에 살았나요? (도치 의문문)

_____

5. 네, 나는 파리에 1년 동안 살았어요.

_____

4 주어진 동사를 활용하여 문장을 만들어 보세요.

donner [도네] v. 주다 | téléphoner [뗄레포네] v. 전화하다

1. 나는 Julie에게 편지를 줬다. _____

2. 너는 Paul에게 전화했다. _____

3. 그녀는 Marie에게 선물을 줬다. _____

4. 그는 Léo에게 전화했다. _____

다음 중 알맞은 문장을 골라 체크해 보세요.

1. 나는 (나의) 숙제를 끝냈다.
   (a. J'ai fini tes devoirs. / b. J'ai fini mes devoirs.)

2. 당신은 파리에 살았나요?
   (a. Avez-vous habité à Paris ? / b. As-tu habité à Paris ?)

3. 우리는 빵을 먹었다.
   (a. Vous avez mangé du pain. / b. Nous avons mangé du pain.)

4. 그는 어제 공부하지 않았다.
   (a. Il a étudié hier. / b. Il n'a pas étudié hier.)

 각 의문문에 알맞은 대답을 연결해 보세요.

1. As-tu étudié le   ·   · a. Oui, j'ai étudié le
   français hier ?   français hier.

2. Avez-vous fini vos   ·   · b. Non, je n'ai pas
   devoirs ?   habité à Paris.

3. As-tu habité à   ·   · c. Oui, j'ai donné une
   Paris ?   lettre à Paul.

4. Avez-vous donné   ·   · d. Non, nous n'avons
   une lettre à Paul ?   pas fini nos devoirs.

정답

1 1. parlé 2. étudié 3. habité 4. regardé 5. écouté 6. fini

2 1. Tu as parlé français. 2. Elles ont écouté de la musique. 3. Il n'a pas étudié hier. 4. Vous n'avez pas fini vos devoirs.
5. J'ai habité à Paris pendant un an.

3 1. As-tu étudié le français hier ? 2. Non, je n'ai pas étudié le français hier. 3. J'ai écouté de la musique. 4. Avez-vous
habité à Paris ? 5. Oui, j'ai habité à Paris pendant un an.

4 1. J'ai donné une lettre à Julie. 2. Tu as téléphoné à Paul. 3. Elle a donné un cadeau à Marie. 4. Il a téléphoné à Léo.

5 1. b 2. a 3. b 4. b

6 1. a 2. d 3. b 4. c

표현 더하기

▶ 오늘 배운 내용과 관련된 다양한 표현을 익혀 봐요!

농담이야!
Je plaisante ! [쥬 쁠레졍뜨]

plaisanter는 '농담하다, 장난치다'라는 뜻의 동사입니다. 친구들끼리 장난을 치다가 분위기가 험악해지려고 할 때! '아, 농담이야, 장난이야'라고 많이 얘기하죠? 프랑스어로는 해당 표현을 '농담하다' 동사를 활용해 je plaisante라고 한답니다. 저도 장난기가 많은지라 프랑스에서 자주 사용했던 표현인데요. 동일한 의미의 'rigoler [히골레]' 동사를 사용하여 'je rigole [쥬 히골르]'라고 말할 수도 있어요. 혹시 여러분들도 장난기가 많다면! 친구들에게 한번 사용해 보세요.

💡 클라라 선생님의 꿀팁

왕래발착 동사들

출발과 도착, 오고 감 등을 나타내는 왕래발착 동사들은 복합 과거시제에서 être를 조동사로 사용한다고 배웠죠? 그렇다면 우리가 학습한 동사들 외에 왕래발착을 나타내는 동사들은 어떤 것들이 있는지, 대표적인 동사들을 알려드리겠습니다. 자주 사용하는 동사들이니 잘 기억해 두세요!

• aller v. 가다	• venir v. 오다	• entrer v. 들어가다
• arriver v. 도착하다	• partir v. 출발하다	• sortir v. 나가다
• descendre v. 내려가다	• monter v. 올라가다	• tomber v. 떨어지다
• rester v. 머물다	• passer v. 지나가다	

문화 탐방 | 화려한 교황의 도시 '아비뇽'

지역 탐방

여러분은 14세기 교황들이 머물렀던 곳이 로마가 아닌 남프랑스의 한 도시라는 것, 알고 계셨나요? 오늘은 독특한 역사적 배경을 자랑하는 프로방스의 아름다운 도시 아비뇽(Avignon)을 소개해 드리겠습니다.

먼저 아비뇽이 교황의 도시가 된 배경을 살펴볼까요? 14세기 초, 가톨릭 세력과 프랑스 왕권 사이의 대립으로 로마에 발걸음을 옮기지 못한 교황 클레망 5세(Clément V)가 아비뇽에 머물게 된 것이 그 시작이었는데요. 1309년부터 1377년까지 총 7명의 교황이 아비뇽에 머물고, 교황권이 프랑스의 지배하에 놓이면서 아비뇽은 교황의 도시로 자리 잡게 되었답니다. 로마에 있어야 할 교황들이 프랑스로 잡혀 와 지내게 된 이 사건은 '아비뇽 유수'라는 이름으로 프랑스 역사에 기록되어 있습니다. 14세기 교황들을 프랑스로 불러오기 위해 설립한 교황청(Palais des Papes [빨레 데 빠쁘])은 현재 아비뇽에서 가장 유명한 관광 코스이자 유네스코에 등재되어 있는 세계적인 문화유산이랍니다.

교황청 앞에 위치한 론강(le Rhône [르 혼느])을 둘러보면, 끊어진 다리를 발견할 수 있는데, 이는 아비뇽을 대표하는 생베네제(Saint Bénézet [쌍 베네제]) 다리입니다. 이 다리는 12세기 무렵에 지어져 론강을 사이에 둔 아비뇽과 빌 뇌브 데 자비뇽(villeneuve des Avignon)을 이어 주던 것으로, 양치기 소년이었던 베네제가 신의 계시를 받아 스스로 돌을 쌓아 만들었다는 특이한 전설이 있는 다리예요. 17세기 홍수로 인해 안타깝게도 지금은 4개의 아치만 남았지만, 여전히 높은 명성을 자랑하고 있답니다. 매년 7월에는 세계적으로 인정받는 연극 축제, 아비뇽 페스티벌이 3주 동안 열리니 참고해 주세요!

Leçon
19

J'ai vu un film d'amour avec Julie.

나는 Julie와 함께 로맨스 영화를 봤습니다.

학습 | 목표	• 3군 동사의 과거분사 형태 학습하기
	• 복합 과거시제와 3군 동사 활용하여 과거의 일 말하기

학습 | 단어	**film d'amour** [필므 다무흐] n.m. 로맨스 영화 | **film d'horreur** [필므 도회흐] n.m. 호러 영화 | **semaine dernière** [스멘느 데흐니에흐] n.f. 지난주 | **à table** [아 따블르] 밥 먹자

01

지난 시간 떠올리기

▶ 지난 시간 학습했던 내용들을 떠올려 볼까요?

1 과거분사: 1군 er ▶ é, 2군 ir ▶ i

지난 시간에는 복합 과거시제를 배웠습니다. 복합 과거시제의 기본 형태는 '조동사+과거분사'였는데요. 왕래발착 동사를 제외한 나머지 일반 동사들은 복합 과거시제에서 avoir를 조동사로 갖는다는 것, 다들 잘 기억하고 계시죠? 본격적인 학습을 시작하기 전에 지난 시간에 학습했던 1군, 2군 규칙 동사들의 과거분사를 다시 한번 떠올려 봅시다.

말하다 parler	parlé
공부하다 étudier	étudié
살다 habiter	habité
먹다 manger	mangé
보다 regarder	regardé
듣다 écouter	écouté
끝내다 finir	fini

⛰️오늘의미션   학습이 끝나면 이 문장을 완벽하게 말할 수 있어요!

A: 너는 지난주에 무엇을 했니?

B: 나는 Julie와 함께 로맨스 영화를 봤어.

✔️ 숫자 **68 soixante-huit** [수아썽뜨 위뜨]

ÉTAPE **02** ## 오늘의 학습

▶ 오늘 배울 내용들을 살펴보고, 머릿속에 차곡차곡 담아 볼까요?

① 복합 과거

지난 시간에 이어서 이번에는 3군 불규칙 동사의 복합 과거시제를 학습해 보려고 합니다. 왕래 발착 동사를 제외한 3군 일반 동사들은 조동사를 avoir로 사용한답니다. 하지만 3군 동사 과거 분사의 경우, 규칙성을 띠는 1군, 2군 동사들과 달리 다양한 형태를 갖기 때문에 동사마다 과거 분사 형태를 따로 외워 주셔야 해요!

> **복합 과거의 특징**
>
> - 과거에 완료된 행위나 사건을 표현
> - 기본 규칙: 조동사(avoir / être) + 과거분사
>   (왕래발착 동사 -être, 나머지 동사 -avoir)
> - 과거분사: 3군 동사 ▶ 불규칙

② ~했다: avoir + 과거분사

avoir를 조동사로 사용하는 3군 불규칙 동사 prendre, faire, voir의 과거분사를 학습해 볼까요? 외우기가 까다로운 만큼, 완벽하게 내 것으로 만들 수 있도록 반복해서 읽어 봅시다.

1) 과거분사 만들기(3군 동사) 불규칙

본격적으로 복합 과거시제에서 avoir를 조동사로 갖는 3군 불규칙 동사들의 과거분사를 학습 해 봅시다. 앞에서 언급한 바와 같이 3군 불규칙 동사들의 과거분사 형태는 아주 다양하답니다. 'prendre(먹다, 마시다, 타다), faire(하다), voir(보다)' 동사들을 활용하여 복합 과거시제 문장을 만들어 볼 텐데요. 해당 동사들의 과거분사를 바로 살펴보도록 해요.

먹다, 마시다, 타다 prendre	pris
하다 faire	fait
보다 voir	vu

 3군 동사는 과거분사의 형태가 불규칙이므로 따로 외워야 하는데 paritr, sortir처럼 '자음+ir'로 끝나는 동사들의 대 부분은 2군 동사의 과거분사를 만드는 규칙과 동일합니다. (ex: parti, sorti)

✔ 나는 고기를 먹었다. → J'ai pris de la viande.

✔ 너는 와인을 마셨다. → Tu as pris du vin.

✔ 그는 비행기를 탔다. → Il a pris l'avion.

✔ 그녀는 비행기를 타지 않았다. → Elle n'a pas pris l'avion.

✔ 우리는 요리를 했다. → Nous avons fait la cuisine.

✔ 당신은 장을 봤다. → Vous avez fait les courses.

✔ 그들은 운동을 했다. → Ils ont fait du sport.

✔ 그녀들은 기타를 쳤다. → Elles ont fait de la guitare.

3 명사

이번에는 영화 장르와 관련된, '로맨스 영화, 호러 영화'라는 명사를 알려드릴게요. 전치사 de는 '~의'라는 의미를 갖죠? un film d'amour는 직역하면 '사랑의 영화, 사랑에 대한 영화'로 '로맨스 영화'를 뜻하며, un film d'horreur는 '공포에 대한 영화'로 '공포 영화'를 뜻한답니다.

로맨스 영화	호러 영화
un film d'amour [앙 필므 다무흐]	un film d'horreur [앙 필므 도회흐]

> **Tip** amour n.m. 사랑/horreur n.m. 호러, 공포

✔ 나는 로맨스 영화를 봤다. → J'ai vu un film d'amour.

✔ 우리는 로맨스 영화를 봤다. → On a vu un film d'amour.

✔ 당신은 공포 영화를 봤다. → Vous avez vu un film d'horreur.

✔ 그녀들은 공포 영화를 봤다. → Elles ont vu un film d'horreur.

문장 끝에 '지난주'에 해당하는 la semaine dernière를 붙이면 '지난주에'라는 뜻이 됩니다. 바로 문장에 활용해 볼까요?

지난주
la semaine dernière
[라 스멘느 데흐니에흐]

주의

중성 대명사 en은 '부분관사+명사'를 대체할 수 있습니다.

🏊 나는 지난주에 수영을 했다.	→ J'ai fait de la natation la semaine dernière.
🏊 나는 지난주에 그것을 했다.	→ J'en ai fait la semaine dernière.
🏊 나는 지난주에 그것을 하지 않았다.	→ Je n'en ai pas fait la semaine dernière.
🏊 우리는 어제 고기를 먹었다.	→ On a pris de la viande hier.
🏊 우리는 어제 그것을 먹었다.	→ On en a pris hier.
🏊 우리는 어제 그것을 먹지 않았다.	→ On n'en a pas pris hier.

주의

직접목적보어 인칭대명사는 문장 안에서 사람뿐만 아니라 사물 명사도 대체할 수 있습니다. 아래 예문의 un film d'amour는 남성 명사에 해당하므로 직접목적보어 le로 받을 수 있는데요. 직접목적보어는 동사 앞에 넣어야 한다는 것을 떠올리면서 함께 읽어 봅시다.

🏊 나는 어제 로맨스 영화를 봤다.	→ J'ai vu un film d'amour hier.
🏊 나는 어제 그것을 봤다.	→ Je l'ai vu hier.
🏊 나는 어제 그것을 보지 않았다.	→ Je ne l'ai pas vu hier.

너는 무엇을 했니? → Qu'est-ce que tu as fait ?

 너는 지난주에 무엇을 했니? → Qu'est-ce que tu as fait la semaine dernière ?

Tip '너는 무엇을 했니?' 뒤에 '지난주'에 해당하는 명사만 붙이면 '너는 지난주에 무엇을 했니?'라는 의문문이 됩니다.

ÉTAPE 03 대화로 말해 보기

▶ 오늘 배운 문장들을 활용하여 대화를 나눠 봐요!

A | 너는 지난주에 무엇을 했니? → Qu'est-ce que tu as fait la semaine dernière ?

B | 나는 Julie와 함께 로맨스 영화를 봤어. → J'ai vu un film d'amour avec Julie.

A | 나도, 어제 그것을 봤어. → Moi aussi, je l'ai vu hier.

A | 너희는 어제 고기를 먹었니? → Vous avez pris de la viande hier ?

B | 아니, 우리는 어제 그것을 먹지 않았어. → Non, on n'en a pas pris hier.

우리는 운동을 했어. On a fait du sport.

▲ 미션 확인 오늘의 핵심 문장을 완벽하게 외워 봅시다.

A: 너는 지난주에 무엇을 했니?
→ Qu'est-ce que tu as fait la semaine dernière ?

B: 나는 Julie와 함께 로맨스 영화를 봤어.
→ J'ai vu un film d'amour avec Julie.

1 **밑줄에 들어갈 알맞은 과거분사를 써 보세요.**

1. 먹다, 마시다, 타다 prendre _____

2. 하다 faire _____

3. 보다 voir _____

2 **주어진 낱말들로 문장을 만드세요.**

1. 그녀는 비행기를 타지 않았다. (elle / l' / pas / avion / a / pris / n')

_____

2. 당신은 장을 봤다. (avez / courses / vous / les / fait)

_____

3. 우리는 로맨스 영화를 봤다. (a / un / on / film / vu / amour / d')

_____

4. 나는 지난주에 수영을 했다.
(dernière / de / fait / j' / semaine / la / natation / ai / la)

_____

3 **해석을 참고하여 프랑스어로 작문해 보세요.**

1. 너희는 어제 고기를 먹었니?

_____

2. 아니, 우리는 어제 그것을 먹지 않았어. (주어 on)

_____

4 주어진 동사를 활용하여 문장을 만들어 보세요.

> inviter [앙비떼] v. 초대하다 | laisser [레쎄] v. 남기다

1. 나는 Julie를 나의 집에 초대했다.

2. 너는 Paul에게 메시지를 남겼다.

3. 우리는 Marie를 우리의 집에 초대했다. (주어 nous)

4. 그들은 Léo에게 메시지를 남겼다.

5 다음 중 알맞은 문장을 골라 체크해 보세요.

1. 너는 어제 그것을 먹었다.
(a. Tu as pris hier. / b. Tu en as pris hier.)

2. 그는 비행기를 탔다.
(a. Il a pris l'avion. / b. Il n'a pas pris l'avion.)

3. 우리는 어제 그것을 먹지 않았다.
(a. On n'en a pas pris la semaine dernière. / b. On n'en a pas pris hier.)

4. 그녀들은 공포 영화를 봤다.
(a. Elles ont vu un film d'amour. / b. Elles ont vu un film d'horreur.)

정답

1 1. pris 2. fait 3. vu

2 1. Elle n'a pas pris l'avion. 2. Vous avez fait les courses. 3. On a vu un film d'amour. 4. J'ai fait de la natation la semaine dernière.

3 1. Vous avez pris de la viande hier ? 2. Non, on n'en a pas pris hier.

4 1. J'ai invité Julie chez moi. 2. Tu as laissé un message à Paul. 3. Nous avons invité Marie chez nous. 4. Ils ont laissé un message à Léo.

5 1. b 2. a 3. b 4. b

ÉTAPE 05 **표현 더하기**

▶ 오늘 배운 내용과 관련된 다양한 표현을 익혀 봐요!

밥 먹자!
À table ! [아 따블르]

à table는 직역하면 '식탁으로'라는 뜻입니다. 음식이 준비되었으니 식사를 하기 위해 식탁으로 모이라는 표현인데요. 저는 특히 가정집에 초대받았을 때 자주 들었던 기억이 납니다. 특별한 날 친구들에게 깜짝 요리를 만들어 주었을 때, 거실에서 대화를 나누고 있는 친구들을 향해 à table라고 목청껏 외쳤던 기억도 있어요. 여러분도 잘 외우고 있다가 비슷한 상황에서 한번 사용해 보세요.

❗클라라 선생님의 꿀팁

형용사 dernier / -ère 활용하기

형용사 **dernier/-ère**는 '최근의, 최신의'라는 의미를 지니지만 위치에 따라 '마지막의'라는 뜻으로도 해석이 되기 때문에 어디에 놓이는지를 주의해서 써야 합니다. 여성 명사인 '**semaine dernière**(지난주)'와 같이 형용사가 명사의 뒤에 위치하는 경우에는 '최근의, 최신의'라는 의미로 사용되어 가장 최근의 주, 즉 '지난주'라는 뜻이 되지만, 명사의 앞에 붙을 경우에는 '마지막의'라는 의미로 사용되어 '마지막 주'라는 뜻이 된답니다.

- **semaine dernière** n.f. 지난주
- **mois dernier** n.m. 지난달
- **dernière semaine** n.f. 마지막 주
- **dernier mois** n.m. 마지막 달

문화 탐방

황토빛을 머금은 프랑스 남부 마을 '루시용'

지역 탐방

우리나라 남쪽 끝자락에 여수가 있다면 프랑스 남부 끝에는 스페인과 국경을 접하는 황토 마을 '루시용(Roussillon [후씨옹])'이 있습니다. 이곳은 자연 그대로의 황토빛 색 감을 좋아하는 예술가들과 절경을 즐기는 여행자들이 꼭 한 번쯤 찾는 장소인데요. 관광지인 동시에 프랑스의 대표적인 황토 생산지로도 알려져 있기 때문에 주변의 땅 과 건물을 비롯하여 마을의 모든 것이 황토로 만들어졌답니다. 그래서 마을 전체가 황금빛, 주황빛, 붉은빛을 띠고 있는 것이 특징이에요.

루시용에는 천연 염료 박물관인 오크라(Ôkhra, Écomusée de l'Ocre)라는 곳이 있 는데 이곳은 1800년대 후반에 처음 세워진 황토 염료 공장이 새로이 탈바꿈한 장소 랍니다. 오크라에는 공장 운영 당시 사용되었던 황적색의 제분기, 가마 등이 그대로 보존되어 있고 염료 식물로 구성된 정원도 꾸며져 있어 가볍게 둘러보기 좋습니다. 고운 색감의 천연 염료가 가득한 방을 보면 염료의 색과 양에 눈이 휘둥그레질 거예요.

또 루시용에서는 방문객들을 위한 다양한 투어 프로그램도 운영하고 있는데요. 가이 드 안내는 물론이고 전통 기술을 활용한 천연 염료 제조 현장을 직접 체험할 수도 있 습니다. 관광객들의 연령이나 유형에 따라 선택할 수 있는 프로그램이 다양하게 준비 되어 있으니 한번 참여해 보는 것도 추천드려요.

마지막으로, 자연을 사랑하는 분들께는 이 지역의 대표 명소로 손꼽히는 '황토색 오 솔길(Le sentier des ocres)'을 꼭 말씀드리고 싶은데요. 자연이 빚은 황토빛 길을 산 책하듯 가볍게 오르내리면 마치 다른 세상에 온 것 같은 느낌마저 든답니다. 미국의 콜로라도를 연상케 하는 황토 절벽 끝에서 멋진 인생 사진도 남겨 보세요.

Leçon

20

Je suis allé(e) chez un ami.

나는 (남자) 친구의 집에 갔습니다.

학습 목표	• 왕래발착 동사의 과거분사 형태, 복합 과거 만드는 법 학습하기
	• 복합 과거 시제 활용하여 과거의 일 말하기

| 학습 단어 | **ami** [아미] n.m. (남자) 친구 \| **amie** [아미] n.f. (여자) 친구 \| **montagne** [몽딴뉴] n.f. 산 \| **mer** [메흐] n.f. 바다 \| **hier matin** [이에흐 마땅] 어제 아침 \| **hier soir** [이에흐 수 아흐] 어제 저녁 \| **bienvenue** [비앙브뉘] 환영합니다 |

ÉTAPE 01 지난 시간 떠올리기

▶ 지난 시간 학습했던 내용들을 떠올려 볼까요?

 과거분사: 3군 불규칙

지난 시간에는 3군 불규칙에 해당하는 일반 동사들의 복합 과거시제를 공부했는데요. 3군 동사들은 과거분사 형태도 불규칙이기 때문에 따로 외워 줘야 했죠? prendre, faire, voir 동사의 과거분사 형태를 다시 한번 복습하면서 완벽하게 마스터해 봅시다.

먹다, 마시다, 타다 prendre	pris
하다 faire	fait
보다 voir	vu

오늘의 미션 학습이 끝나면 이 문장을 완벽하게 말할 수 있어요!

A: 너는 어제 저녁에 무엇을 했니?

B: 나는 (남자) 친구의 집에 갔어.

> 숫자 **69 soixante-neuf** [수아썽뜨 뇌프]

오늘은 드디어 être를 조동사로 사용하는 왕래발착 동사들의 복합 과거 형태를 학습할 차례입니다. 왕래발착 동사는 이동을 나타내는 '오다, 가다, 떠나다, 나가다, 도착하다' 등의 동사들을 뜻하는데요. être를 조동사로 가지는 동사들의 경우, 과거분사는 반드시 주어의 성과 수에 일치시켜야 한답니다. 지금부터 함께 배워 봅시다.

> **복합 과거의 특징**
> - 과거에 완료된 행위나 사건을 표현
> - 기본 규칙: 조동사(avoir / être) + 과거분사
>   (왕래발착 동사 -être, 나머지 동사 -avoir)
> - 과거분사: 3군 동사 ▶ 불규칙

1 ~했다: être + 과거분사 (주어의 성과 수에 일치)

1) 과거분사 만들기 (왕래발착 동사)

아래 표와 같이 être를 조동사로 사용하는 모든 동사들의 과거분사는 주어의 성과 수에 따라 총 4가지 형태로 나뉩니다. 가장 기본인 남성 단수 형태에 e를 추가하면 여성 단수, s를 추가하면 남성 복수, es를 추가하면 여성 복수 형태가 되는데요. 함께 aller 동사와 venir 동사의 과거분사 형태를 꼼꼼히 학습해 봅시다.

	주어 남성 단수	주어 여성 단수	주어 남성 복수	주어 여성 복수
가다 aller	allé	allée	allés	allées
오다 venir	venu	venue	venus	venues

2) ~의 집에 chez

'~의 집에'라는 뜻의 전치사 chez를 기억하시나요? chez 뒤에 강세형 인칭대명사를 붙여 '나의 집에, 너의 집에' 등의 표현이 가능했는데요. 마찬가지로 chez 뒤에 명사를 붙여 '(명사)의 집에'라는 표현도 할 수 있답니다. 이를 활용하여 본격적으로 aller 동사와 venir 동사의 복합 과거 문장을 만들어 봅시다. 조동사 être와 aller 동사의 과거분사 allé(e)s는 주어 tu일 때를 제외하고 연음해야 한다는 점, 기억해 주세요!

(남자) 친구	(여자) 친구
un ami	une amie
[아나미]	[위나미]

> **Tip** étudiant ▶ étudiante와 같이 ami 뒤에 e가 붙으면 여성 명사가 됩니다.

✔ (남자) 친구의 집에   ➡ chez un ami

✔ (여자) 친구의 집에   ➡ chez une amie

✔ (남) 나는 (남자) 친구의 집에 갔다.   ➡ Je suis allé chez un ami.

✔ (여) 나는 (남자) 친구의 집에 갔다.   ➡ Je suis allée chez un ami.

✔ (남) 너는 어제 (여자) 친구의 집에 갔다.   ➡ Tu es allé chez une amie hier.

✔ (여) 너는 어제 (여자) 친구의 집에 갔다.   ➡ Tu es allée chez une amie hier.

3) 명사

이번에는 휴가철에 자주 찾는 장소인 '산'과 '바다' 명사를 프랑스어로 알려드리겠습니다. aller 동사와 함께 활용하여 복합 과거 문장을 만들어 보세요.

산	바다
la montagne	la mer
[라 몽딴뉴]	[라 메흐]

> **Tip** 복합 자음 gn 발음은 주의가 필요합니다. ex) [뉴]

어제 아침	어제 저녁
hier matin	hier soir
[이에흐 마땅]	[이에흐 수아흐]

> **Tip** 한국어 해석 그대로 'hier(어제)'에 'matin(아침)'을 붙이면 'hier matin(어제 아침)'이 됩니다.

↯ 그는 어제 아침에 산에 갔다.

➡ Il est allé à la montagne hier matin.

↯ 그녀는 어제 저녁에 바다에 갔다.

➡ Elle est allée à la mer hier soir.

↯ (남) 우리는 어제 아침에 파리에서 왔다.

➡ Nous sommes venus de Paris hier matin.

↯ (여) 당신은 어제 저녁에 파리에서 왔다.

➡ Vous êtes venue de Paris hier soir.

↯ 그들은 지난주에 서울에 왔다.

➡ Ils sont venus à Séoul la semaine dernière.

↯ 그녀들은 지난주에 나의 집에 왔다.

➡ Elles sont venues chez moi la semaine dernière.

② 복합 과거 부정문

이제 부정문을 만들어 봅시다. 조동사 être의 앞뒤로 ne pas를 붙이고, 과거분사를 덧붙여 주면 완성인데요. 부정문에서도 마찬가지로, 조동사를 être로 사용하는 동사의 과거분사는 주어의 성과 수에 반드시 일치시켜야 합니다.

1) ~하지 않았다: ne être pas + 과거분사

주어는	가지 않았다
Je	ne suis pas allé(e)
Tu	n'es pas allé(e)
Il / Elle	n'est pas allé(e)
Nous	ne sommes pas allé(e)s
Vous	n'êtes pas allé(e)(s)
Ils / Elles	ne sont pas allé(e)s

주어는	오지 않았다
Je	ne suis pas venu(e)
Tu	n'es pas venu(e)
Il/Elle	n'est pas venu(e)
Nous	ne sommes pas venu(e)s
Vous	n'êtes pas venu(e)(s)
Ils / Elles	ne sont pas venu(e)s

✔ (남) 나는 (남자) 친구의 집에 가지 않았다.   ➡ Je ne suis pas allé chez un ami.

✔ (여) 너는 산에 가지 않았다.   ➡ Tu n'es pas allée à la montagne.

✔ 그는 바다에 가지 않았다.   ➡ Il n'est pas allé à la mer.

✔ 그녀는 서울에 가지 않았다.   ➡ Elle n'est pas allée à Séoul.

중성 대명사 y, en 활용

마지막으로 중성 대명사 y와 en을 활용하여 문장을 만들어 보겠습니다. y는 '전치사(à, devant, derrière etc)+장소 명사', en은 'de+장소 명사'를 대체하는데요. 복합 과거시제에서 중성 대명사 y와 en은 조동사의 앞에 와야 하며 부정문에서는 '중성 대명사+조동사'의 앞뒤로 ne pas를 붙여 준답니다.

✔ (남) 나는 (남자) 친구의 집에 갔다.   ➡ Je suis allé chez un ami.

✔ 나는 그곳에 갔다.   ➡ J'y suis allé.

✔ 나는 그곳에 가지 않았다.   ➡ Je n'y suis pas allé.

✔ (여) 나는 파리에서 왔다.   ➡ Je suis venue de Paris.

✔ 나는 그곳에서 왔다.   ➡ J'en suis venue.

✔ 나는 그곳에서 오지 않았다.   ➡ Je n'en suis pas venue.

대화로 말해 보기

▶ 오늘 배운 문장들을 활용하여 대화를 나눠 봐요!

A | 너는 어제 아침에 무엇을 했니?　　➡ Qu'est-ce que tu as fait hier matin ?

B | (여) 나는 어제 아침에 산에 갔어.　　➡ Je suis allée à la montagne hier matin.

(남) 너는 어제 저녁에 (남자) 친구의 집에 갔니?　　Est-ce que tu es allé chez un ami hier soir ?

A | 응, 나는 그곳에 갔어.　　➡ Oui, j'y suis allé.

B | 왜?　　➡ Pourquoi ?

A | 왜냐하면 어제 저녁에 그가 파리에서 왔어.　　➡ Parce qu'il est venu de Paris hier soir.

🔺미션 확인 오늘의 핵심 문장을 완벽하게 외워 봅시다.

A: 너는 어제 저녁에 무엇을 했니?
➡ Qu'est-ce que tu as fait hier soir ?

B: 나는 (남자) 친구의 집에 갔어.
➡ Je suis allé(e) chez un ami.

연습 문제

▶ 문제를 풀어 보면서 공부한 내용들을 완전히 내 것으로 만들어 봐요!

1 밑줄에 들어갈 알맞은 과거분사를 써 보세요.

1. 가다 aller (주어 남성 복수) _____

2. 가다 aller (주어 여성 단수) _____

3. 오다 venir (주어 남성 단수) _____

4. 오다 venir (주어 여성 복수) _____

2 밑줄에 들어갈 알맞은 단어를 관사와 함께 써 보세요.

1. (여자) 친구 (부정관사) _____

2. 산 (정관사) _____

3. 바다 (정관사) _____

3 주어진 낱말들로 문장을 만드세요.

1. (여) 나는 (남자) 친구의 집에 갔다. (ami / je / un / chez / allée / suis)

_____

2. (남) 당신은 어제 저녁에 파리에서 왔다. (de / hier / êtes / Paris / venu / vous / soir)

_____

3. 그녀는 서울에 가지 않았다. (pas / n' / à / allée / Séoul / elle / est)

_____

4. (여) 너는 그곳에서 오지 않았다. (n' / es / venue / tu / en / pas)

_____

해석을 참고하여 프랑스어로 작문해 보세요.

1. 너는 어제 아침에 무엇을 했니?

_____

2. (여) 나는 어제 아침에 산에 갔어.

_____

3. (남) 너는 어제 저녁에 (남자) 친구의 집에 갔니?

_____

4. (남) 응, 나는 그곳에 갔어.

_____

다음 중 알맞은 문장을 골라 체크해 보세요.

1. (여) 당신은 바다에 갔다.
   (a. Vous êtes allée à la mer. / b. Vous êtes allé à la mer.)

2. 그들은 어제 저녁에 파리에서 왔다.
   (a. Ils sont venus à Paris hier soir. / b. Ils sont venus de Paris hier soir.)

3. 그녀들은 지난주에 서울에 왔다.
   (a. Elles sont venus à Séoul la semaine dernière. /
     b. Elles sont venues à Séoul la semaine dernière.)

4. (여) 너는 그곳에 갔다.
   (a. Tu y es allée. / b. Tu y es allé.)

밑줄에 들어갈 단어를 보기에서 고르세요.

보기	en	sommes	chez	venus

1. Ils sont _____ de Paris.

2. Je suis allé _____ un ami.

3. Elle _____ est venue.

4. Nous _____ allées à la montagne.

 각 의문문에 알맞은 대답을 연결해 보세요.

1. Qu'est-ce que tu as · fait hier matin ?

· a. Oui, il y est allé.

2. Est-ce qu'il est allé · chez une amie ?

· b. Je suis allée à la montagne.

3. Qu'est-ce que vous · avez fait hier soir ?

· c. Non, elles n'en sont pas venues.

4. Est-ce qu'elles sont · venues de Séoul?

· d. Je suis venu de Paris hier soir.

표현 더하기

▶ 오늘 배운 내용과 관련된 다양한 표현을 익혀 봐요!

환영합니다!
Bienvenue ! [비앙브뉘]

bien은 영어의 well과 동일하며, '잘, 좋은'이란 뜻을 가지고 있어요. venue는 venir 즉, 영어 come에 해당하는 동사의 과거분사 형태입니다. bien, venue 두 단어를 합치면 영어의 'welcome(환영합니다)'과 동일한 뜻이 된답니다. 여러분이 프랑스 공항에 도착하자마자 광고판에서 자주 마주치게 될 표현이니 꼭 기억해 두세요!

❗클라라 선생님의 꿀팁

조동사 être와 과거분사 allé(e)s의 연음

조동사 être와 aller 동사의 과거분사 allé(e)s 사이는 연음하지만, 예외로 주어가 tu일 때에는 연음을 하지 않는다고 말씀드렸었죠? 확실하게 짚고 넘어가지 않으면 쉽게 잊어버릴 수 있는 예외 사항이니 헷갈리지 않도록 문장들을 여러 번 소리 내어 반복해 봅시다.

- **Je suis‿allé(e).** [쥬 쒸잘레] 나는 갔다.
- **Nous sommes‿allé(e)s.** [누 쏨잘레] 우리는 갔다.

- **Tu es allé(e).** [뛰에 알레] 너는 갔다.
- **Vous êtes‿allé(e).** [부젯잘레] 당신은 갔다.

- **Il est allé.** [일레딸레] 그는 갔다.
- **Elles sont‿allées.** [엘 쏭딸레] 그녀들은 갔다.

문화 탐방
세계적인 자전거 대회 '투르 드 프랑스'

**—
축제
문화**

여러분, 프랑스에서 올림픽과 월드컵 다음으로 가장 큰 규모로 열리는 대회가 무엇인지 아시나요? 바로 투르 드 프랑스(Tours de France)라는 자전거 경주 대회인데요. 투르 드 프랑스는 전 세계에서 가장 긴 코스를 자랑하는 자전거 대회이자 프랑스 국민이라면 남녀노소 불문하고 즐겨 보는 대회로, 무려 100년이 넘는 역사를 갖고 있답니다.

투르 드 프랑스는 날씨가 후텁지근해지기 시작하는 매년 7월에 막을 올리는데요. 대회 참가자들은 약 20여 개의 구간 경기를 통해 총 3500km가 넘는 거리를 23일, 즉 3주에 걸쳐 완주하게 됩니다. 총원 8명으로 구성된 22개의 팀으로 나뉘어 경기가 진행되는데요. 이 대회의 특이한 점은 항상 같은 코스가 아닌 매년 다른 코스를 완주해야 한다는 것과, 한 지역에만 머무르는 것이 아닌 프랑스 지방의 3분의 1을 횡단한다는 거예요. 참가자들은 수많은 마을과 도시를 지나며 프랑스의 아름다운 자연을 감상할 수 있답니다. 1975년 전까지만 해도 최종 구간 종점이 매번 바뀌었지만, 그 후로는 늘 파리의 샹젤리제 거리가 종점이 되었습니다.

또 다른 투르 드 프랑스의 특별한 점은, 총 기록에서 가장 좋은 점수를 받은 선수가 노란 저지(maillot jaune [마이요 존느])를 입고 선두로 달리며 경기가 끝날 때 종합 우승자가 된다는 것이에요. 노란 저지는 1900년대 초에 이 대회를 처음으로 주최한 신문사 로토(L'Auto)의 지면 색에서 유래된 것이라고 합니다. 앞으로 투르 드 프랑스 대회를 관람하다가 노란 저지를 입은 선수가 쌩 하고 지나간다면 이번 시즌의 유력한 우승 후보라는 것을 눈치챌 수 있겠죠?

Leçon
21

J'en suis parti(e) il y a trois ans.

나는 3년 전에 그곳에서 떠났습니다.

학습 | 목표
- 왕래발착 동사의 과거분사 형태, 복합 과거 만드는 법 학습하기
- 시간 표현 활용하여 과거의 일 말하기

학습 | 단어
gare [갸흐] n.f. 기차역 | **aéroport** [아에호뽀흐] n.m. 공항 | **attention** [아떵씨옹] 조심해

ÉTAPE 01 지난 시간 떠올리기

▶ 지난 시간 학습했던 내용들을 떠올려 볼까요?

① 왕래발착 동사 과거분사 (주어의 성과 수에 일치)

지난 시간에는 복합 과거시제에서 être 동사를 조동사로 갖는 '오다, 가다' 동사의 과거분사 형태를 배웠습니다. 주어가 남성인지 여성인지, 또는 단수인지 복수인지에 따라 총 4가지 형태로 나뉘었는데요. 오늘도 지난 시간에 이어 왕래발착 동사의 복합 과거시제를 학습할 예정입니다. 먼저 복습을 통해 지난 학습 내용을 떠올려 볼까요?

	주어 남성 단수	주어 여성 단수	주어 남성 복수	주어 여성 복수
가다 aller	allé	allée	allés	allées
오다 venir	venu	venue	venus	venues

🏔오늘의 미션 학습이 끝나면 이 문장을 완벽하게 말할 수 있어요!

A: 너는 여전히 서울에 있니?

B: 아니, 나는 3년 전에 그곳에서 떠났어.

✔ 숫자 **70 soixante-dix** [수아썽뜨 디쓰]

ÉTAPE 02 오늘의 학습

▶ 오늘 배울 내용들을 살펴보고, 머릿속에 차곡차곡 담아 볼까요?

① ~했다: être + 과거분사 (주어의 성과 수에 일치)

오늘은 왕래발착 동사들 중 '떠나다, 도착하다, 나가다' 동사의 복합 과거시제를 배워 볼 텐데요. '오다, 가다' 동사와 마찬가지로 위 동사들은 être 동사를 조동사로 갖기 때문에 과거분사도 주어의 성과 수에 알맞은 형태를 사용해야 합니다. 함께 과거분사 형태를 마스터해 볼까요?

1) 과거분사 만들기 (왕래발착 동사)

	주어 남성 단수	주어 여성 단수	주어 남성 복수	주어 여성 복수
떠나다 partir	parti	partie	partis	parties
도착하다 arriver	arrivé	arrivée	arrivés	arrivées
나가다 sortir	sorti	sortie	sortis	sorties

 (남) 나는 파리로 떠났다.   → Je suis parti pour Paris.

 (여) 너는 서울에서 떠났다.   → Tu es partie de Séoul.

> **Tip**   '~로/~를 향해 떠나다'라고 할 때에는 전치사에는 pour를 사용합니다.

2) 장소 명사

왕래발착 동사들은 이동을 나타내는 동사인 만큼 출발지나 도착지 같은 장소를 명시하는 것이 일반적이에요. 그렇기 때문에 각각의 동사들과 함께 사용되는 장소 전치사 pour, à, de 등의 용법을 확실하게 아는 것이 아주 중요하답니다. 아래 명사들과 알맞은 전치사를 활용하여 다양한 문장을 만들어 봅시다.

기차역	공항
la gare	l'aéroport
[라 갸흐]	[라에호뽀흐]

> **Tip**   aéroport는 남성 명사이며 장소 명사는 주로 정관사를 사용합니다.

🗸 그는 기차역에 도착했다.	➡ Il est arrivé à la gare.
🗸 (여) 우리는 공항에 도착했다.	➡ Nous sommes arrivées à l'aéroport.
🗸 (남) 당신은 영화관에서 나갔다.	➡ Vous êtes sorti du cinéma.
🗸 그녀들은 집에서 나갔다.	➡ Elles sont sorties de la maison.

Tip '~에서 나간다'라고 할 때 '~에서, ~로부터'에 해당하는 전치사 de를 활용합니다.

② 중성 대명사 y, en 활용

이번에는 중성 대명사 y와 en을 활용하여 문장을 만들어 봅시다. 복합 과거시제에서 중성 대명사 en, y 를 쓰는 경우에는 조동사 앞에 대명사를 넣어야 한다는 것, 기억하고 계시죠? 또한 부정문을 만들 때에 는 '대명사+조동사' 앞뒤로 ne pas를 붙여 주어야 해요. 이러한 점들에 유의하며 문장을 만들어 봅시다. 주어의 성과 수도 꼭 신경 써 주세요!

🗸 (여) 나는 공항에 도착했다.	➡ Je suis arrivée à l'aéroport.
🗸 나는 그곳에 도착했다.	➡ J'y suis arrivée.
🗸 나는 그곳에 도착하지 않았다.	➡ Je n'y suis pas arrivée.

🗸 (남) 나는 서울에서 떠났다.	➡ Je suis parti de Séoul.
🗸 나는 그곳에서 떠났다.	➡ J'en suis parti.
🗸 나는 그곳에서 떠나지 않았다.	➡ Je n'en suis pas parti.

(여) 당신은 집에서 나갔다.	→ Vous êtes sortie de la maison.
(여) 당신은 그곳에서 나갔다.	→ Vous en êtes sortie.
당신은 그곳에서 나가지 않았다.	→ Vous n'en êtes pas sortie.

3 ~(시간, 때) 전에: il y a + 시간, 때

어느 정도 복합 과거시제에 익숙해졌다면, 이번에는 시간을 나타내는 표현 한 가지를 알려드리겠습니다. 바로 지나간 과거의 한 시점을 나타내는 표현인 'il y a+시간, 때'인데요. 이 표현은 주로 과거의 시간이나 때를 나타내는 경우에 사용한답니다. 포인트는 늘 과거시제와 함께 사용된다는 것이에요. Il y a 뒤에 '1시간'을 붙이면 '1시간 전에', '1년'을 붙이면 '1년 전에'라는 표현을 만들 수 있습니다. 함께 읽어 볼까요?

1시간 전에	→ il y a une heure
2시간 전에	→ il y a deux heures
3시간 전에	→ il y a trois heures

> **Tip** ~시간: 숫자+heure(s)

(남) 나는 1시간 전에 그곳에서 떠났다.	→ J'en suis parti il y a une heure.
(여) 우리는 2시간 전에 그곳에서 나갔다.	→ Nous en sommes sorties il y a deux heures.
(여) 당신은 3시간 전에 그곳에 도착했다.	→ Vous y êtes arrivée il y a trois heures.

✔ 1년 전에	➡ il y a un an
✔ 2년 전에	➡ il y a deux ans
✔ 3년 전에	➡ il y a trois ans

> **Tip** ~년: 숫자+an(s)

✔ (남) 나는 1년 전에 그곳에서 떠났다.	➡ J'en suis parti il y a un an.

4 과거분사 만들기 (특수 동사)

이번 과를 마무리하기 전에 특수 동사의 복합 과거시제를 배워 봅시다. 왕래발착 동사뿐만 아니라 '태어나다, 죽다'와 같은 특수 동사는 복합 과거시제에서 être를 조동사로 사용한답니다. 과거분사는 주어의 성과 수에 일치시켜야 한다는 점도 잊으면 안 되겠죠?

태어나다 naître	죽다 mourir
né(e)(s)	mort(e)(s)

✔ (남) 나는 서울에서 태어났다.	➡ Je suis né à Séoul.
✔ (여) 너는 파리에서 태어났다.	➡ Tu es née à Paris.
✔ 그는 파리에서 죽었다.	➡ Il est mort à Paris.
✔ 그녀는 3년 전에 죽었다.	➡ Elle est morte il y a trois ans.

대화로 말해 보기

▶ 오늘 배운 문장들을 활용하여 대화를 나눠 봐요!

A | 그녀는 기차역에 도착했니?

→ Est-elle arrivée à la gare ?

B | 응, 그녀는 3시간 전에
그곳에 도착했어.

→ Oui, elle y est arrivée il y a
trois heures.

A | (남) 너는 여전히 서울에 있니?

→ Es-tu toujours à Séoul ?

B | 아니, 나는 3년 전에 그곳에서
떠났어.

→ Non, j'en suis parti il y a trois
ans.

A | Julie는 파리에서 죽었니?

→ Julie est morte à Paris ?

B | 응, 그녀는 파리에서 죽었어.

→ Oui, elle est morte à Paris.

하지만 그녀는 서울에서 태어났어.

Mais elle est née à Séoul.

미션 확인 오늘의 핵심 문장을 완벽하게 외워 봅시다.

A: 너는 여전히 서울에 있니?
→ Es-tu toujours à Séoul ?

B: 아니, 나는 3년 전에 그곳에서 떠났어.
→ Non, j'en suis parti(e) il y a trois ans.

연습 문제

▶ 문제를 풀어 보면서 공부한 내용들을 완전히 내 것으로 만들어 봐요!

1 **밑줄에 들어갈 알맞은 과거분사를 써 보세요.**

1. partir 떠나다 (주어 남성 단수) _____

2. partir 떠나다 (주어 여성 복수) _____

3. arriver 도착하다 (주어 여성 단수) _____

4. sortir 나가다 (주어 남성 복수) _____

2 **주어진 낱말들로 문장을 만드세요.**

1. (여) 나는 파리로 떠났다. (suis / pour / partie / Paris / je)

_____

2. 그녀들은 집에서 나갔다. (la / sorties / maison / elles / de / sont)

_____

3. (남) 나는 그곳에 도착하지 않았다. (n' / pas / suis / arrivé / je / y)

_____

4. 그녀는 3년 전에 죽었다. (est / a / trois / y / elle / ans / morte / il)

_____

3 **해석을 참고하여 프랑스어로 작문해 보세요.**

1. 그녀는 기차역에 도착했니? (도치 의문문)

_____

2. 응, 그녀는 3시간 전에 그곳에 도착했어.

_____

3. 너는 여전히 서울에 있니? (도치 의문문)

_____

4. (남) 아니, 나는 3년 전에 그곳에서 떠났어.

_____

주어진 도시명을 활용하여 문장을 만들어 보세요.

Prague [프하그] 프라하 │ Amsterdam [암스떼흐담] 암스테르담

1. (남) 나는 프라하에서 태어났다.

2. (여) 너는 암스테르담에서 태어났다.

3. 그는 암스테르담에서 죽었다.

4. 그녀는 프라하에서 죽었다.

다음 중 알맞은 문장을 골라 체크해 보세요.

1. (남) 나는 1시간 전에 그곳에서 떠났다.
(a. J'y suis parti il y a une heure. / b. J'en suis parti il y a une heure.)

2. (여) 우리는 2시간 전에 그곳에서 나갔다.
(a. Nous en sommes sorties il y a deux heures. /
b. Nous y sommes sortis il y a deux heures.)

3. (남) 당신은 공항에 도착했다.
(a. Vous êtes arrivé à l'aéroport. / b. Vous êtes arrivée à l'aéroport)

6 밑줄에 들어갈 단어를 보기에서 고르세요.

> 보기 il y a   y   né   pour

1. Je suis parti _____ Paris.

2. Nous en sommes sortis _____ deux heures.

3. Elle _____ est arrivée.

4. Tu es _____ à Paris.

7 각 의문문에 알맞은 대답을 연결해 보세요.

1. Est-elle toujours à Paris ? •

2. Paul est mort à Séoul ? •

3. Es-tu arrivé à l'aéroport ? •

4. Êtes-vous arrivés à la gare ? •

• a. Oui, j'y suis arrivé il y a deux heures.

• b. Oui, il est mort à Séoul.

• c. Non, elle en est partie il y a un an.

• d. Non, nous n'y sommes pas arrivés.

정답

1 1. parti 2. parties 3. arrivée 4. sortis

2 1. Je suis partie pour Paris. 2. Elles sont sorties de la maison. 3. Je n'y suis pas arrivé. 4. Elle est morte il y a trois ans.

3 1. Est-elle arrivée à la gare ? 2. Oui, elle y est arrivée il y a trois heures. 3. Es-tu toujours à Séoul ? 4. Non, j'en suis parti il y a trois ans.

4 1. Je suis né à Prague. 2. Tu es née à Amsterdam. 3. Il est mort à Amsterdam. 4. Elle est morte à Prague.

5 1. b 2. a 3. a

6 1. pour 2. il y a 3. y 4. né

7 1. c 2. b 3. a 4. d

표현 더하기

▶ 오늘 배운 내용과 관련된 다양한 표현을 익혀 봐요!

조심해!
Attention ! [아떵씨옹]

attention은 여성 명사로 '주의, 조심' 등의 의미를 지닙니다. 구어에서 attention을 단독으로 사용하면 영어의 be careful과 같은 표현으로 '조심해'라는 의미를 갖기 때문에 주의를 기울여야 하거나 긴박한 상황에서 자주 쓰인답니다. 길을 걷다 보면 '개 조심, 불조심' 등 주의를 요하는 표지판을 자주 보죠? 이때에도 attention을 활용할 수 있는데요. 전치사 à+명사를 사용하면 'attention au chien(개 조심), attention au feu(불조심)'과 같은 구체적인 주의 표현을 만들 수 있답니다!

💡 클라라 선생님의 꿀팁

다양한 시간 표현을 배워 볼까요?

시간이나 때를 나타내는 '~ 전에'라는 표현을 하기 위해서 'il y a+시간'을 배워 보았는데요. '~이래로, ~ 전부터', 즉 영어의 since와 같은 표현은 어떻게 하면 좋을까요? 바로 'depuis+시간, 때' 표현을 활용하면 된답니다. 'depuis+시간, 때' 표현은 과거의 시점으로부터 현재까지 이어지는 기간의 지속성을 나타내기 때문에 만약 depuis 뒤에 '1년(un an)'을 붙인다면 '1년 이래로', 즉 '1년 전부터'라는 의미가 완성되는 것이죠. 같이 연습해 봅시다.

- depuis un an [드쀠 아넝] 1년 이래로(1년 전부터)
▶ Je suis à Paris depuis un an. 나는 1년 전부터 파리에 있다.

- depuis cinq ans [드쀠 쌍껑] 5년 이래로(5년 전부터)
▶ Elle est à Prague depuis cinq ans. 그녀는 5년 전부터 프라하에 있다.

문화 탐방

동화 속 마을 같은 '케제르베르'

지역 탐방

이번에는 사랑스러운 이야기가 가득한 프랑스 알자스(Alsace) 지방의 동화 마을 케제르베르(Keysersberg)를 소개해 드리려고 해요. 프랑스 동부 지역의 나지막한 언덕 아래 위치한 케제르베르는, 알자스 지방에서 최상의 와인을 생산하는 포도 재배지 중 하나이자 3,000명 이하의 인구수를 기록하는 작은 시골 마을인데요. 독일어로 '황제'라는 뜻의 keyser와 '산'이라는 뜻의 berg가 합쳐진 단어로 '황제의 산'이라는 뜻을 지녔답니다. 프랑스 마을인데 왜 독일어 뜻의 명칭으로 불리냐고요? 바로 알자스 로렌(Alsace-Lorraine) 지방의 나머지 지역들과 마찬가지로 프랑스 전쟁, 제1차 세계 대전 동안 독일 영토로 그 나라 문화의 영향을 많이 받은 마을이기 때문이랍니다.

여러분은 여러 디즈니 동화가 프랑스를 배경으로 한다는 걸 알고 계신가요? 그 중에서도 프랑스 알자스 지방은 <미녀와 야수> 주인공 벨(Belle)이 살던 아기자기한 마을의 배경지로 유명하답니다. 케제르베르도 당연히 그 중 하나이죠. 뿐만 아니라 위대한 독일계 프랑스인 알버트 슈바이처(Albert Schweitzer)의 고향이기도 한 이 마을에는 그의 생가가 박물관으로 꾸며져 있어 그의 유품과 사진들을 볼 수 있어요.

중세 시대에 지어진 전통 목재 건물들, 아름다운 포도원과 마을을 지나는 계곡, 자연이 어우러진 풍경이 매우 아름다운 이 마을은, 2017년도에 프랑스 공영 방송에서 프랑스인들이 가장 좋아하는 마을 1위로 선정되기도 했습니다. 멋진 풍경 사진을 찍고 싶으신가요? 그렇다면 언덕 중턱에 있는 높은 요새에 올라 보세요. 작고 한적하지만 아기자기한 마을의 전경을 한눈에 볼 수 있답니다. 동화 속을 걷는 듯한 느낌을 받고 싶다면 이곳에 들러서 휴식을 취해 보는 건 어떨까요?

Leçon
22

Je me suis levé(e) à midi.

나는 정오에 일어났습니다.

학습 | 목표	• 대명동사의 복합 과거 만드는 법 학습하기
	• 복합 과거를 활용하여 지난 일과 소개하기

학습 | 단어	**bois** [부아] n.m. 숲, 삼림, 나무 | **rue** [휘] n.f. 길 | **c'est l'heure** [쎄 뢰흐] 시간이 됐어

ÉTAPE 01 지난 시간 떠올리기

▶ 지난 시간 학습했던 내용들을 떠올려 볼까요?

1 왕래발착 동사 과거분사 (주어의 성과 수에 일치)

지난 시간을 마지막으로 '떠나다, 도착하다, 나가다' 등 왕래발착 동사들의 복합 과거시제를 살펴보았습니다. 뿐만 아니라 '태어나다, 죽다'에 해당하는 특수 동사들도 복합 과거에서 조동사로 être를 사용하며, 과거분사 형태 또한 주어의 성과 수에 일치시켜야 한다는 것을 배웠는데요. 새로운 강의로 넘어가기 전에, 지난 시간에 배운 동사들의 과거분사 형태를 완벽하게 익혀 봅시다.

	주어 남성 단수	주어 여성 단수	주어 남성 복수	주어 여성 복수
떠나다 partir	parti	partie	partis	parties
도착하다 arriver	arrivé	arrivée	arrivés	arrivées
나가다 sortir	sorti	sortie	sortis	sorties

🔺오늘의 미션 학습이 끝나면 이 문장을 완벽하게 말할 수 있어요!

A: 너는 언제 일어났니?

B: 나는 정오에 일어났어.

✌ 숫자 **71 soixante et onze** [수아썽떼 옹즈]

ÉTAPE 02 오늘의 학습

▶ 오늘 배울 내용들을 살펴보고, 머릿속에 차곡차곡 담아 볼까요?

1 대명동사 복합 과거

일반 동사, 왕래발착 동사, 특수 동사까지 학습했으니 이제 남은 것은 대명동사의 복합 과거 형태입니다. 가장 기본적으로 기억해야 할 것은 모든 대명동사들은 être를 조동사로 사용하고, 과거분사는 주어의 성과 수에 일치시켜야 한다는 점이에요. 또 조동사 être는 재귀대명사(se)와 과거분사 사이에 온답니다. 처음 대명동사의 복합 과거 형태를 접하면 조동사의 위치가 헷갈릴 수 있어요. 자연스레 머리와 입이 기억할 수 있도록 반복해서 읽어 볼까요?

> **대명동사 복합 과거 특징**
>
> - 기본 규칙: 조동사(être) + 과거분사
> - 조동사의 위치: 재귀대명사와 과거분사 사이
> - 과거분사는 주어의 성과 수에 일치

2 대명동사 복합 과거 만들기

'se lever(일어나다)' 동사는 1군 동사인 lever 동사 앞에 재귀대명사가 붙은 형태입니다. 1군 동사의 과거분사 만드는 방법을 기억하고 계신가요? 동사원형의 어미 -er를 -é로 바꾸면 되죠? 대명동사에 바로 적용해 봅시다. 재귀대명사 다음에 조동사 être가 오는데, 이때 재귀대명사와 조동사의 모음 축약에 주의해 주세요.

1) 일어나다 se `lever` ▶ levé

주어는	일어났다
Je	me suis levé(e)
Tu	t'es levé(e)
Il / Elle	s'est levé(e)
Nous	nous sommes levé(e)s
Vous	vous êtes levé(e)(s)
Ils / Elles	se sont levé(e)s

 Tip 조동사는 재귀대명사 se와 과거분사 levé(e)(s) 사이에 놓입니다.

✔ (남) 나는 7시에 일어났다. ➡ Je me suis levé à sept heures.

✔ (여) 너는 정오에 일어났다. ➡ Tu t'es levée à midi.

✔ 그는 일찍 일어났다. ➡ Il s'est levé tôt.

✔ 그녀는 늦게 일어났다. ➡ Elle s'est levée tard.

2) 자다 se **coucher** ▶ couché

주어는	잤다
Je	me suis couché(e)
Tu	t'es couché(e)
Il / Elle	s'est couché(e)
Nous	nous sommes couché(e)s
Vous	vous êtes couché(e)(s)
Ils / Elles	se sont couché(e)s

✔ (남) 우리는 저녁 11시경에 잤다. ➡ Nous nous sommes couchés vers onze heures du soir.

✔ (여) 당신은 자정경에 잤다. ➡ Vous vous êtes couchée vers minuit.

✔ 그들은 일찍 잤다. ➡ Ils se sont couchés tôt.

✔ 그녀들은 늦게 잤다. ➡ Elles se sont couchées tard.

3) 산책하다 se promener ▶ promené

주어는	산책했다
Je	me suis promené(e)
Tu	t'es promené(e)
Il / Elle	s'est promené(e)
Nous	nous sommes promené(e)s
Vous	vous êtes promené(e)(s)
Ils / Elles	se sont promené(e)s

4) 명사

'se promener(산책하다)' 동사와 함께 사용할 수 있는 명사 '숲'과 '길'을 알려드릴게요. '숲에서/길에서 산책하다'와 같은 표현을 할 때에는 'dans le parc(공원에서)'처럼 전치사 dans을 활용한답니다. '숲이라는 공간 안에서, 길이라는 공간 안에서'로 이해하시면 돼요.

숲, 삼림, 나무	길, 거리
le bois [르 부아]	la rue [라 휘]

🐾 숲에서   ➡ dans le bois

🐾 길에서   ➡ dans la rue

🐾 (남) 나는 숲에서 산책했다.   ➡ Je me suis promené dans le bois.

🐾 그녀는 숲에서 산책했다.   ➡ Elle s'est promenée dans le bois.

🐾 (남) 우리는 길에서 산책했다.   ➡ Nous nous sommes promenés dans la rue.

🐾 (여) 당신은 길에서 산책했다.   ➡ Vous vous êtes promenée dans la rue.

🐾 그들은 공원에서 산책했다.   ➡ Ils se sont promenés dans le parc.

오늘 있었던 일 말하기

이제 여러분은 지금까지 배운 모든 동사들을 활용하여 복합 과거 문장을 만들 수 있게 되었습니다! 매일 '몇 시에 일어나 무엇을 먹고 어디를 갔는지, 또 무엇을 했는지'까지 자세하게 글로 적을 수 있게 된 것이죠. 앞으로 여러분의 하루 일과를 바탕으로 매일 일기를 써 보는 건 어떨까요? 아주 짧고 단순한 문장이라도 지속적으로 적다 보면 자연스럽게 긴 문장까지 만들어 낼 수 있을 거예요. 아래 예문들을 바탕으로 여러분도 여러분만의 일기를 완성해 보세요!

(남)

나는 8시에 일어났다.	→ Je me suis levé à huit heures.
가장 먼저, 나는 샤워했다.	→ Tout d'abord, je me suis douché.
그 다음에 나는 아침을 먹었다.	→ Ensuite, j'ai pris mon petit-déjeuner.
그 후에 나는 (여자) 친구의 집에 갔다.	→ Puis, je suis allé chez une amie.
나는 그곳에 정오경에 도착했다.	→ J'y suis arrivé vers midi.

우리는 장을 봤다.	→ Nous avons fait les courses.
그녀는 나를 위해 요리를 했다.	→ Elle a fait la cuisine pour moi.
우리는 점심을 먹었다.	→ Nous avons pris notre déjeuner.
그리고 우리는 프랑스어 공부를 했다.	→ Et nous avons étudié le français.
(남) 우리는 숲속에서 산책했다.	→ Nous nous sommes promenés dans le bois.

너는 언제 일어났니?	→ Quand tu t'es levé(e) ?
당신은 언제 일어났어요?	→ Quand vous vous êtes levé(e) ?

A | (여) 너는 언제 일어났니? → Quand tu t'es levée ?

B | 나는 정오에 일어났어. → Je me suis levée à midi.

나는 어제 늦게 잤어. Je me suis couchée tard hier.

너는 어제 저녁에 무엇을 했니? Qu'est-ce que tu as fait hier soir ?

A | (남) 나는 나의 아버지와 함께 숲속에서 산책했어. → Je me suis promené dans le bois avec mon père.

🔺미션 확인 오늘의 핵심 문장을 완벽하게 외워 봅시다.

A: 너는 언제 일어났니? → Quand tu t'es levé(e) ?

B: 나는 정오에 일어났어. → Je me suis levé(e) à midi.

1 밑줄에 들어갈 알맞은 단어를 정관사와 함께 써 보세요.

1. 숲, 삼림, 나무

2. 길, 거리

2 주어진 낱말들로 문장을 만드세요.

1. (여) 나는 정오에 일어났다. (je / à / suis / midi / levée / me)

2. 그들은 늦게 잤다. (sont / tard / ils / couchés / se)

3. (남) 우리는 공원에서 산책했다.
(dans / nous / sommes / nous / parc / promenés / le)

4. 그녀들은 길에서 산책했다. (la / elles / promenées / dans / sont / se / rue)

3 해석을 참고하여 프랑스어로 작문해 보세요.

1. (여) 너는 언제 일어났니?

2. (여) 나는 어제 늦게 잤어.

3. 너는 어제 저녁에 무엇을 했니?

_____

4. (남) 나는 나의 아버지와 함께 숲속에서 산책했어.

_____

_____

④ 주어진 표현을 활용하여 문장을 만들어 보세요.

> se raser [쓰 하제] 면도하다 | se reposer [쓰 흐뽀제] 쉬다

1. (남) 나는 면도했다.

2. (여) 너는 쉬었다.

3. (남) 우리는 면도했다.

4. 그녀들은 쉬었다.

⑤ 다음 중 알맞은 문장을 골라 체크해 보세요.

1. 그들은 늦게 잤다.
   (a. Ils se sont couchés tôt. / b. Ils se sont couchés tard.)

2. 그녀는 길에서 산책했다.
   (a. Elle s'est promenée dans la rue. / b. Elles se sont promenées dans la rue.)

3. (남) 나는 7시에 일어났다.
   (a. Je me suis levée à sept heures. / b. Je me suis levé à sept heures.)

4. (남) 우리는 일찍 일어났다.
   (a. Nous nous sommes levés tôt. / b. Nous nous sommes levées tard.)

밑줄에 들어갈 단어를 보기에서 고르세요.

보기   promenées   quand   couché   me

1. Il s'est _____ tard.

2. Je _____ suis levée à neuf heures.

3. Elles se sont _____ dans le bois.

4. _____ tu t'es levé ?

 각 의문문에 알맞은 대답을 연결해 보세요.

1. Qu'est-ce que tu as   ·
   fait hier soir ?

2. Ils se sont couchés   ·
   tôt ?

3. Quand vous vous   ·
   êtes levé ?

4. Quand vous vous   ·
   êtes levées ?

· a. Non, ils se sont
     couchés tard.

· b. Je me suis promené
     dans la rue.

· c. Nous nous sommes
     levées à midi.

· d. Je me suis levé à
     six heures.

정답

1 1. le bois 2. la rue

2 1. Je me suis levée à midi. 2. Ils se sont couchés tard. 3. Nous nous sommes promenés dans le parc. 4. Elles se sont
   promenées dans la rue.

3 1. Quand tu t'es levée ? 2. Je me suis couchée tard hier. 3. Qu'est-ce que tu as fait hier soir ? 4. Je me suis promené
   dans le bois avec mon père.

4 1. Je me suis rasé. 2. Tu t'es reposée. 3. Nous nous sommes rasés. 4. Elles se sont reposées.

5 1. b 2. a 3. b 4. a

6 1. couché 2. me 3. promenées 4. quand

7 1. b 2. a 3. d 4. c

표현 더하기

ÉTAPE 05

▶ 오늘 배운 내용과 관련된 다양한 표현을 익혀 봐요!

시간이 됐어!
C'est l'heure ! [쎄 뢰흐]

c'est l'heure는 '시간이 됐어'라는 의미를 지닌 표현입니다. c'est l'heure 뒤에 de 동사원형이 붙으면 '~할 시간이다'라는 뜻이 되는데요. 예를 들어 c'est l'heure de manger라고 한다면 '밥 먹을 시간이야'라는 뜻이 된답니다. c'est l'heure 뒤에 지금까지 배웠던 동사원형들을 넣어서 '~할 시간이야'라는 문장을 만들어 보세요.

♥ 클라라 선생님의 꿀팁

대명동사의 복합 과거

이쯤에서 지금까지 우리가 학습했던 대명동사들을 모두 떠올려 볼까요? '일어나다, 씻다, 옷을 입다, 자다, 샤워하다, 산책하다' 동사의 복합 과거 형태를 살펴보고 오랫동안 기억할 수 있도록 완벽하게 외워 봅시다!

- 일어나다 se **lever** → levé
▶ (남) 나는 일어났다. **Je me suis levé.**

- 옷을 입다 s' **habiller** → habillé
▶ 그는 옷을 입었다. **Il s'est habillé.**

- 자다 se **coucher** → couché
▶ 그녀는 잤다. **Elle s'est couchée.**

- 샤워하다 se **doucher** → douché
▶ (남) 우리는 샤워했다. **Nous nous sommes douchés.**

문화탐방

조금은 낯선 '프랑스식 순대, 달팽이 요리'

음식문화

미식의 나라 프랑스에는 우리에게 다소 생소하게 다가올 수 있는 특별한 음식들도 존재합니다. 그래서 오늘은 프랑스의 특별한 음식 두 가지에 대해 얘기해 보려고 해요.

먼저 달팽이 요리(escargots [에스꺄흐고])를 소개합니다. 미식가라면 누구나 좋아하는 달팽이 요리는 프랑스의 3대 진미로 꼽힐 정도로 사랑받는 음식인데요. 식용 달팽이에 버터, 마늘, 파슬리를 섞어 만든 소스를 버무려 오븐에 구워 내는 식으로 만들 수 있고, 주로 메인 전에 식욕을 돋우기 위한 전채 요리로 즐긴답니다.

달팽이 요리는 어떻게 프랑스인들의 식탁에 오르게 된 것일까요? 1814년으로 거슬러 올라가 봅시다. 러시아 황제 알렉산더 1세(tsar Alexandre 1er)를 대접해야 했던 부르고뉴(Bourgogne) 지방 한 유명 셰프의 일화인데요. 황제에게 대접할 식재료가 다 떨어지자, 정원에서 우연히 발견한 달팽이를 고민 끝에 고기처럼 요리한 것이 달팽이 요리의 시초라고 합니다. 러시아 황제를 위한 만찬을 시작으로 프랑스 귀족들의 식탁에도 달팽이 요리가 등장했고, 오늘날까지도 이 요리는 프랑스 국민들에게 큰 사랑을 받는 대표 요리로 자리 잡고 있어요.

프랑스식 순대(boudin [부당])도 살펴볼까요? boudin은 프랑스에서 가장 오래된 돈육 제품 중 하나로, 돼지 선지와 지방을 주재료로 하여 끓는 물에 익혀 먹는 소시지라고 할 수 있어요. 사시사철 즐길 수 있는 요리지만 영양가가 있고 특히 철분이 풍부하기 때문에 차가운 바람을 이겨 내야 하는 겨울철에 많이 먹는 음식이기도 하죠. 전통 그대로의 순대는 돼지 피로 만든 검정 순대(boudi noir [부당 누아흐])지만 돼지고기, 닭고기, 송아지 고기와 지방을 주재료로 만든 흰 순대(boudin blanc [부당 블렁])도 그에 못지않게 인기가 있답니다.

나는 기차보다 더 빠른 비행기를 탑니다.

학습 목표 주격 관계대명사 qui와 목적격 관계대명사 que 활용하기 /
'~할 것이다' 말하기

Je prends l'avion qui est plus rapide que le train.

Leçon

23

Je prends l'avion qui est plus rapide que le train.

나는 기차보다 더 빠른
비행기를 탑니다.

학습 목표	• 주격 관계대명사 qui 학습하기 • 주격 관계대명사 qui와 비교급 활용하여 두 문장 하나로 만들기

학습 단어	**rapide** [하삐드] adj. 빠른 │ **cher/ère** [쉐흐] adj. 비싼 │ **c'est bon marché** [쎄 봉 마흐쉐] 좋은 가격이네요

ÉTAPE 01 지난 시간 떠올리기

▶ 지난 시간 학습했던 내용들을 떠올려 볼까요?

1 대명동사 복합 과거

1) 일어나다 se lever ▶ levé

주어는	일어났다
Je	me suis levé(e)
Tu	t'es levé(e)
Il / Elle	s'est levé(e)
Nous	nous sommes levé(e)s
Vous	vous êtes levé(e)(s)
Ils / Elles	se sont levé(e)s

2) 자다 se coucher ▶ couché

주어는	잤다
Je	me suis couché(e)
Tu	t'es couché(e)
Il / Elle	s'est couché(e)
Nous	nous sommes couché(e)s
Vous	vous êtes couché(e)(s)
Ils / Elles	se sont couché(e)s

3) 산책하다 se promener ▶ promené

주어는	산책했다
Je	me suis promené(e)
Tu	t'es promené(e)
Il / Elle	s'est promené(e)
Nous	nous sommes promené(e)s
Vous	vous êtes promené(e)(s)
Ils / Elles	se sont promené(e)s

⛰️오늘의 미션 학습이 끝나면 이 문장을 완벽하게 말할 수 있어요!

나는 기차보다 더 빠른 비행기를 타.

🐱 숫자 72 soixante-douze [수아썽뜨 두즈]

ÉTAPE 02 오늘의 학습

▶ 오늘 배울 내용들을 살펴보고, 머릿속에 차곡차곡 담아 볼까요?

① 주격 관계대명사 qui

이번 시간에는 주격 관계대명사 qui에 대해 배워 보려고 해요. '관계대명사'는 '두 문장을 연결하는 대명사'라는 뜻이고, '주격'은 '주어를 대신한다'는 의미입니다. 즉, 두 문장을 하나로 연결하면서 주어의 역할을 대신하는 것이 바로 주격 관계대명사인 것이죠. 영어의 관계대명사 which, who를 떠올리면 쉬울 거예요. 주격 관계대명사 qui는 'c'est qui ?(누구니?)'표현을 배울 때 사용했던 의문사 qui(누구)와는 완전히 다른 별개의 것이니 주의해 주세요!

> ### 주격 관계대명사 **qui**의 특징
>
> - **2**개의 문장을 연결할 때, 반복되는 사람, 사물, 대명사를 선행사로 받음
> - 선행사를 수식하는 문장에서 **qui**는 주어의 역할, **qui** 다음에 바로 동사가 옴
> ▶ 선행사(사람, 사물) + **qui** + 동사

주격 관계대명사를 활용하여 아래 문장을 연결해 볼까요? 첫 번째 문장의 Paul과 두 번째 문장의 Il이 동일한 인물을 반복 지칭하기 때문에 관계대명사를 사용하여 두 문장을 한 문장으로 만들 수 있는데요. Il이 주어 자리에 있으므로 주격 관계대명사 qui를 사용해 문장을 이어 주면 된답니다.

이 사람은 Paul이다.	→ C'est Paul.
그는 프랑스인이다.	→ Il est Français.
프랑스인인 사람은 Paul이다.	→ C'est Paul qui est Français.

> **Tip** 해석하면 'qui 이하의 사람은 선행사이다'라는 뜻으로 'c'est ~ qui ~ 구문'은 선행사를 강조하는 강조 구문이며, '선행사'는 '관계대명사 앞에 위치하는 명사'를 의미합니다.

나이다.	→ C'est moi.
나는 요리를 한다.	→ Je fais la cuisine.
요리를 하는 사람은 나이다.	→ C'est moi qui fais la cuisine.

> **Tip** moi는 강세형 인칭대명사입니다. c'est 다음에 '나, 너, 그/그녀'와 같은 주어를 쓰고 싶을 때 강세형 인칭대명사를 사용합니다.

✔ 그녀이다.	➡ C'est elle.
✔ 그녀는 방금 떠났다.	➡ Elle vient de partir.
✔ 방금 떠난 사람은 그녀이다.	➡ C'est elle qui vient de partir.

✔ 나는 (여자) 친구가 있다.	➡ J'ai une amie.
✔ 그녀는 파리에 산다.	➡ Elle habite à Paris.
✔ 나는 파리에 사는 (여자) 친구가 있다.	➡ J'ai une amie qui habite à Paris.

✔ 나의 아버지는 집이 있다.	➡ Mon père a une maison.
✔ 그 집은 크다.	➡ Cette maison est grande.
✔ 나의 아버지는 큰 집이 있다.	➡ Mon père a une maison qui est grande.

Tip 관계대명사 qui는 사람뿐만 아니라 사물도 선행사로 받을 수 있습니다.

1) 형용사

이번에는 영어의 fast에 해당하는 프랑스어 형용사 'rapide(빠른)'을 알려드리려고 해요. 형용사와 관계대명사 qui를 활용하여 프랑스어로 '나는 빠른 비행기를 탄다'라고 말해 볼까요?

빠른	
rapide [하삐드]	rapide [하삐드]

Tip 기본적으로 형용사 남성형에 e가 붙으면 여성형이 되지만, 남성형이 이미 e로 끝나는 경우에는 여성형에 추가적으로 e를 붙이지 않습니다.

나는 비행기를 탄다.	→ Je prends l'avion.
비행기는 빠르다.	→ L'avion est rapide.
나는 빠른 비행기를 탄다.	→ Je prends l'avion qui est rapide.

2 비교급

관계대명사 qui의 용법에 어느 정도 익숙해졌다면, 이번에는 비교급을 활용하여 조금 더 다양한 표현을 만들어 볼 거예요. 우등 비교급과 열등 비교급의 형태를 머릿속에 떠올리면서 '~보다 더 ~하다, ~보다 덜 ~하다'와 같은 표현을 만들어 봅시다. 비교 대상이 존재하는 경우 문장의 끝에 'que 비교 대상'을 적어 주는 것도 잊지 마세요!

1) (~보다) 더 ~하다

주어+동사+plus 형용사 (que 비교 대상)

2) (~보다) 덜 ~하다

주어+동사+moins 형용사 (que 비교 대상)

조금 전에 '빠른'에 해당하는 형용사를 배워서 문장을 만들어 보았죠? 이번에는 '비싼'이라는 뜻의 형용사를 배워 볼까요? 남성형과 여성형의 형태는 각각 다르지만 두 단어의 발음은 동일하답니다.

비싼	
cher [쉐흐]	chère [쉐흐]

비행기는 기차보다 더 비싸다.	→ L'avion est plus cher que le train.
기차는 비행기보다 덜 비싸다.	→ Le train est moins cher que l'avion.

Tip 프랑스어는 '싼'이라는 뜻의 형용사가 따로 존재하지 않기 때문에 '덜 비싼'이라고 표현합니다.

나는 기차를 좋아한다.	→ J'aime le train.
기차는 비행기보다 덜 비싸다.	→ Le train est moins cher que l'avion.
나는 비행기보다 덜 비싼 기차를 좋아한다.	→ J'aime le train qui est moins cher que l'avion.

그는 비행기를 탄다.	→ Il prend l'avion.
비행기는 기차보다 더 빠르다.	→ L'avion est plus rapide que le train.
그는 기차보다 더 빠른 비행기를 탄다.	→ Il prend l'avion qui est plus rapide que le train.

ÉTAPE 03 대화로 말해 보기

▶ 오늘 배운 문장들을 활용하여 대화를 나눠 봐요!

A	나는 파리에 가.	→ Je vais à Paris.
B	나는 파리에 사는 (여자) 친구가 있어.	→ J'ai une amie qui habite à Paris.
	너는 파리에 가기 위해 무엇을 타니?	Qu'est-ce que tu prends pour aller à Paris ?
A	나는 기차보다 더 빠른 비행기를 타.	→ Je prends l'avion qui est plus rapide que le train.

🔺미션 확인   오늘의 핵심 문장을 완벽하게 외워 봅시다.

나는 기차보다 더 빠른 비행기를 타.
→ Je prends l'avion qui est plus rapide que le train.

1 **밑줄에 들어갈 알맞은 형용사를 써 보세요.**

1. 비싼 (남성 단수형)

2. 빠른 (여성 단수형)

2 **주어진 낱말들로 문장을 만드세요.**

1. 프랑스인인 사람은 Paul이다. (est / Paul / c'est / qui / Français)

2. 요리를 하는 사람은 나이다. (fais / c'est / la / moi / qui / cuisine)

3. 방금 떠난 사람은 그녀이다. (de / elle / vient / qui / c'est / partir)

4. 나는 파리에 사는 (여자) 친구가 있다.
(à / j' / amie / Paris / ai / qui / habite / une)

3 **해석을 참고하여 프랑스어로 작문해 보세요.**

1. 너는 파리에 가기 위해 무엇을 타니?

2. 나는 기차보다 더 빠른 비행기를 타.

3. 나는 비행기보다 덜 비싼 기차를 좋아해.

4 주어진 단어를 활용하여 문장을 만들어 보세요.

> coréen [꼬헤앙] n.m. 한국어 | États-Unis [에따쥐니] n.m.pl. 미국 |
> natation [나따씨옹] n.f. 수영

1. 파리로 떠나는 사람은 나이다.

_____

2. 나는 한국어를 공부하는 (남자) 친구가 있다.

_____

3. 수영을 하는 사람은 Julie이다.

_____

4. 그녀는 미국에 사는 (여자) 친구가 있다.

_____

5 다음 중 알맞은 문장을 골라 체크해 보세요.

1. 기차는 비행기보다 덜 비싸다.

(a. Le train est moins rapide que l'avion. / b. Le train est moins cher que l'avion.)

2. 비행기는 기차보다 더 빠르다.

(a. L'avion est plus rapide que le train. / b. Le train est plus rapide que l'avion.)

3. 나는 비행기보다 덜 비싼 기차를 탄다.

(a. Je prends le train qui est plus cher que l'avion. /
 b. Je prends le train qui est moins cher que l'avion.)

4. 방금 떠난 사람은 그이다.

(a. C'est lui qui vient de partir . / b. C'est il qui vient de partir.)

정답

1 1. cher 2. rapide

2 1. C'est Paul qui est Français. 2. C'est moi qui fais la cuisine. 3. C'est elle qui vient de partir. 4. J'ai une amie qui habite à Paris.

3 1. Qu'est-ce que tu prends pour aller à Paris ? 2. Je prends l'avion qui est plus rapide que le train. 3. J'aime le train qui est moins cher que l'avion.

4 1. C'est moi qui pars pour Paris. 2. J'ai un ami qui étudie le coréen. 3. C'est Julie qui fait de la natation. 4. Elle a une amie qui habite aux États-Unis.

5 1. b 2. a 3. b 4. a

표현 더하기

▶ 오늘 배운 내용과 관련된 다양한 표현을 익혀 봐요!

좋은 가격이네요.
C'est bon marché. [쎄 봉 막셰]

본문에서도 언급했듯이 프랑스어에는 '가격이 싼'을 정확하게 의미하는 형용사가 존재하지 않습니다. 그렇기 때문에 '싸네요'라는 표현을 하기가 조금 애매해요. 대신, 'c'est bon marché(좋은 가격이네요)'라는 표현이 있답니다. 그리고 일상에서는 간단하게 'cher(비싼)'이라는 뜻의 형용사를 자주 사용하는데요. '이것은 비싸다(C'est cher [쎄 쉐흐])'를 부정문으로 바꿔 주면 '이것은 비싸지 않다(Ce n'est pas cher [쓰 네 빠 쉐흐])' 즉, 저렴하다는 표현이 되겠죠?

❗클라라 선생님의 꿀팁

여자 친구, 남자 친구, 연인?!

지금까지 우리가 사용했던 명사 **ami**((남자) 친구), **amie**((여자) 친구)는 말 그대로 성을 구분한 '친구'라는 뜻의 명사에 해당합니다. 흔히들 말하는 '남사친, 여사친'을 의미해요. 그렇다면 '사귀는 관계로서의 남자 친구와 여자 친구', 그리고 '연인'은 프랑스어로 어떻게 표현하는지, 또 '사귀다'라는 표현은 어떤 식으로 말하는지 알려드리겠습니다. 따라 읽어 볼까요?

- **petit ami** [쁘띠따미] **n.m.** 남자 친구

- **petite amie** [쁘띠따미] **n.f.** 여자 친구

- **couple** [꾸쁠르] **n.m.** 커플

- **amoureux** [아무회] **n.m.** 사랑하는 사람, 연인

- **amoureuse** [아무회즈] **n.f.** 사랑하는 사람, 연인

- **être en couple** [에트흐 엉 꾸쁠르] 사귀다
  = **sortir ensemble** [쏘흐띠흐 엉썽블르] 사귀다

  ▶ **Nous sortons ensemble.** [누 쏘흐똥 엉썽블르] 우리는 사귑니다.

  ▶ **On est en couple.** [오네 엉 꾸쁠르] 우리는 사귑니다.

위 예시 중 **amoureux**는 사랑하는 사람이 남자일 때, **amoureuse**는 사랑하는 사람이 여자일 때 사용합니다. 꼭 기억해 주세요!

France

문화
탐방

잔 다르크의 도시 '루앙'

**지역
탐방**

오늘은 프랑스 북부 노르망디(Normandie) 지역의 대표적인 중세 도시이자 프랑스의 영웅 잔 다르크(Jeanne d'Arc)의 처형 장소가 위치한 도시, 루앙(Rouen [후엉])을 소개해 드리려고 해요. 루앙은 유럽에서 세 번째로 높은 종교 건축물 루앙 대성당(la cathédrale Notre-Dame de Rouen)이 있는 곳으로, 도시 전경을 바라보면 150m가 넘도록 높이 솟은 고딕 양식의 첨탑을 한눈에 발견할 수 있답니다. 프랑스 인상파의 거장으로 알려진 화가 클로드 모네(Claude Monet) 작품의 주제가 되기도 했던 이 대성당은, 오늘날 루앙의 대표 명소로 꼽혀 관광객들이 끊이지 않는 곳입니다. 꼭 둘러보아야 할 핫플레이스! 루앙 시계탑(Gros-Horloge [그호 오흘로쥬]) 또한 추천합니다. 고딕과 르네상스 양식이 조화를 이루고 있는 이 시계탑은 유럽에서 가장 오래된 기계식 시계인데요. 화려한 장식과 색감이 눈을 사로잡기 때문에 직접 마주하면 감탄사가 절로 나올 거예요.

도시의 중심에 센강(Seine)을 끼고 있는 루앙은 강을 중심으로 신시가지와 구시가지로 나뉘는데요. 구시가지로 발걸음을 옮기면 중세 프랑스의 향취가 그대로 묻어나는 알록달록한 목재 건축물들을 발견할 수 있답니다. 또한 정감 가는 프랑스인들의 시장 문화도 엿볼 수 있어요. 다양한 식자재를 사고파는 시장 옆에는 1431년, 프랑스의 영웅인 잔 다르크가 마녀로 몰려 화형 당했던 장소인 올드 마켓 광장(Place du Vieux-Marché)이 있습니다. 잔 다르크의 처형 장소는 오늘날까지 그대로 보존되어 있으며, 그 주변에는 그녀의 영혼을 기리는 독특한 양식의 기념 성당 또한 위치한답니다. 아름다운 중세의 모습을 간직하는 동시에 슬픈 역사를 머금고 있는 중세 도시 루앙을 방문해 보시는 건 어떨까요?

Leçon 24

C'est un gâteau que j'aime beaucoup.

이것은 내가 많이 좋아하는 케이크입니다.

학습 목표	• 목적격 관계대명사 que 학습하기
	• 목적격 관계대명사 que와 다양한 명사, 동사 활용하여 두 문장 하나로 만들기

| 학습
단어 | **acheter** [아슈떼] v. 사다 \| **goûter** [구떼] v. 맛보다 \| **collier** [꼴리에] n.m. 목걸이 \| **tarte** [따흐뜨] n.f. 타르트 \| **Mon Dieu** [몽 디외] 이럴 수가 |

지난 시간 떠올리기

▶ 지난 시간 학습했던 내용들을 떠올려 볼까요?

주격 관계대명사 qui

지난 시간에는 영어의 관계대명사 which와 who에 해당하는 주격 관계대명사 qui에 대해 배웠는데요. 'c'est ~ qui ~ 강조 구문'을 활용하여 선행사를 강조하는 표현도 만들어 보았고, 더 나아가 주격 관계대명사 qui와 비교급을 활용하여 보다 길고 풍부한 문장들을 만들어 보았습니다. 오늘 본 강의에서도 계속해서 새로운 관계대명사를 공부하게 될 텐데요. 본격적으로 강의를 시작하기 전에, 지난 시간에 배웠던 내용들을 꼼꼼하게 정리하고 넘어가도록 해요. 큰 소리로 읽어 볼까요?

✔ 프랑스인인 사람은 Paul이다.	➡ C'est Paul qui est Français.
✔ 나는 파리에 사는 (여자) 친구가 있다.	➡ J'ai une amie qui habite à Paris.
✔ 나는 비행기보다 덜 비싼 기차를 좋아한다.	➡ J'aime le train qui est moins cher que l'avion.
✔ 그는 기차보다 더 빠른 비행기를 탄다.	➡ Il prend l'avion qui est plus rapide que le train.

🅰오늘의 미션   학습이 끝나면 이 문장을 완벽하게 말할 수 있어요!

이것은 내가 많이 좋아하는 케이크야.

✔ 숫자 **73 soixante-treize** [수아썽뜨 트헤즈]

1 목적격 관계대명사 que

이번 시간에는 목적격 관계대명사 que에 대해 배워 보도록 해요. 앞에서 학습했던 주격 관계대명사 qui와 같이, 목적격 관계대명사도 두 문장을 연결해 주는 역할을 합니다. 이때 '목적격'은 '목적어를 대신한다'는 의미이므로 목적격 관계대명사 que는 서로 다른 두 문장을 연결하면서 목적어를 대신하는 대명사라고 생각하시면 쉬워요.

관계대명사 que는 사람, 사물, 대명사를 선행사로 받을 수 있는데요. que 뒤에는 반드시 '주어+동사'가 와야 한다는 것이 키포인트입니다. 꼭 기억해 주세요!

> ### 목적격 관계대명사 **que**의 특징
> - **2**개의 문장을 연결할 때 반복되는 사람, 사물, 대명사를 선행사로 받음
> - 선행사를 수식하는 문장에서 **que**는 목적어의 역할, **que** 다음에 주어, 동사가 옴
> ▶ 선행사(사람, 사물) **+ que +** 주어 **+** 동사

'이 사람은 Paul이다, 나는 Paul을 사랑한다' 이 두 문장을 목적격 관계대명사 que를 활용하여 연결해 볼까요? 두 문장에서 반복되는 것은 Paul이라는 남성인데요. 선행되는 문장을 수식하는 두 번째 문장에서 목적어의 자리에 있는 Paul을 목적격 관계대명사 que로 대체할 수 있습니다. que 뒤에는 반드시 '주어+동사'가 와야 한다는 것을 떠올리면서 두 문장을 연결해 볼까요?

이 사람은 Paul이다. → C'est Paul.

나는 Paul을 사랑한다. → J'aime Paul.

내가 사랑하는 사람은 Paul이다. → C'est Paul que j'aime.

Tip '(que 이하의 사람)은 (선행사)이다'라는 뜻으로 que 이하의 문장이 선행사를 수식합니다. 'c'est ~ qui ~ 구문'과 동일하게 'c'est ~ que ~ 구문'도 선행사를 강조하는 강조 구문입니다.

✔ 이것은 케이크이다.	→ C'est un gâteau.
✔ 나는 이 케이크를 많이 좋아한다.	→ J'aime beaucoup ce gâteau.
✔ 이것은 내가 많이 좋아하는 케이크이다.	→ C'est un gâteau que j'aime beaucoup.

✔ 이것은 선물이다.	→ C'est un cadeau.
✔ Paul이 나에게 선물을 준다.	→ Paul me donne un cadeau.
✔ 이것은 Paul이 나에게 주는 선물이다.	→ C'est un cadeau que Paul me donne.

✔ 그는 라디오를 듣는다.	→ Il écoute la radio.
✔ 그녀는 라디오를 좋아하지 않는다.	→ Elle n'aime pas la radio.
✔ 그는 그녀가 좋아하지 않는 라디오를 듣는다.	→ Il écoute la radio qu'elle n'aime pas.

Tip 관계대명사 que와 주어 인칭대명사 elle의 모음 축약에 주의해 주세요.

이번에는 '사다, 맛보다'에 해당하는 1군 규칙 동사들을 알려드리겠습니다. 두 동사와 목적격 관계대명사 que를 활용하여 다양한 문장을 만들어 볼까요?

1) 사다 acheter [아슈떼] / 목걸이 un collier [앙 꼴리에]

✔ 나는 그녀에게 목걸이를 준다.	→ Je lui donne un collier.
✔ 나는 방금 목걸이를 샀다.	→ Je viens d'acheter un collier.
✔ 나는 그녀에게 방금 산 목걸이를 준다.	→ Je lui donne un collier que je viens d'acheter.

Tip '방금 ~했다'는 'venir de 동사원형'으로 표현할 수 있습니다.

2) 맛보다 goûter [구떼] / 타르트 une tarte [윈느 따흐뜨]

 그는 타르트를 맛보고 싶다. → Il veut goûter une tarte.

 그의 어머니가 이 타르트를 만들었다. → Sa mère a fait cette tarte.

 그는 그의 어머니가 만든 타르트를 맛보고 싶다. → Il veut goûter une tarte que sa mère a faite.

> **Tip** '만들다'를 표현할 때 faire 동사를 사용합니다. faire 동사의 과거분사는 fait입니다.

주의

복합 과거 시제에서 조동사를 avoir로 갖는 동사들은 일반적으로 과거분사를 성·수 일치시키지 않는 것이 원칙입니다. 하지만 과거분사 앞에 직접목적어가 올 때에는 예외적으로 과거분사를 성·수 일치시켜야 해요. 즉, '~을/를'로 해석되는 목적어가 과거분사 앞에 있는 경우 말이죠.

목적격 관계대명사가 활용된 위 문장에서 faire 동사의 과거분사인 fait 앞에 선행사 tarte가 있습니다. 앞서 '그의 어머니가 이 타르트를 만들었다(Sa mère a fait cette tarte)'라는 문장에서 동사 faire 다음에 바로 목적어 cette tarte가 온 것이 보이시죠? 이렇게 동사 다음에 전치사 없이 바로 목적어가 오고, '타르트를'로 해석되므로, tarte는 faire 동사의 직접목적어입니다. 두 문장을 목적격 관계대명사 que를 활용하여 한 문장으로 합치면서 과거분사 fait 앞에 선행사이자 직접목적어인 tarte가 위치하게 됩니다. 그러므로, faire 동사의 과거분사 faite는 여성 단수인 직접목적어 tarte에 성수를 일치시켜서 faite의 형태로 사용해야 한답니다.

 나는 타르트를 맛보고 싶다. → Je veux goûter une tarte.

 그는 어제 이 타르트를 샀다. → Il a acheté cette tarte hier.

 나는 그가 어제 산 타르트를 맛보고 싶다. → Je veux goûter une tarte qu'il a achetée hier.

> **Tip** acheter 동사는 1군 규칙 동사이므로 과거분사는 acheté입니다. 위에서 설명한 것과 마찬가지로 이 문장에서도 과거분사 acheté 앞에 직접목적어인 tarte가 있습니다. '그는 어제 이 타르트를 샀다(Il a acheté cette tarte hier)'라는 문장에서 acheter 동사 다음에 전치사가 없는 목적어 cette tarte를 확인하실 수 있죠? '타르트를'로 해석되기에 직접목적어입니다. 두 문장을 que를 활용하여 한 문장으로 만들면서 과거분사 acheté 앞에 직접목적어 tarte가 위치하므로 achetée로 성수를 일치시켜야 합니다.

대화로 말해 보기

▶ 오늘 배운 문장들을 활용하여 대화를 나눠 봐요!

A | 너는 Jean을 사랑하니?　　　　　➡ Aimes-tu Jean ?

B | 아니. 내가 사랑하는 사람은 Paul이야.　➡ Non. C'est Paul que j'aime.

A | 이것은 내가 많이 좋아하는 케이크야.　➡ C'est un gâteau que j'aime
　　　　　　　　　　　　　　　　　beaucoup.

B | 이것은 타르트야.　　　　　　　➡ C'est une tarte.

　Jean은 타르트를 좋아해.　　　　　Jean aime la tarte.

　그는 그의 어머니가 만든 타르트를　　Il veut goûter une tarte que sa
　맛보고 싶어 해.　　　　　　　　mère a faite.

△ 미션 확인　　오늘의 핵심 문장을 완벽하게 외워 봅시다.

이것은 내가 많이 좋아하는 케이크야.
➡ C'est un gâteau que j'aime beaucoup.

연습 문제

▶ 문제를 풀어 보면서 공부한 내용들을 완전히 내 것으로 만들어 봐요!

1 **밑줄에 들어갈 알맞은 동사를 써 보세요.**

1. 사다

2. 맛보다

2 **밑줄에 들어갈 알맞은 명사를 부정관사와 함께 써 보세요.**

1. 목걸이

2. 타르트

3 **주어진 낱말들로 문장을 만드세요.**

1. 내가 사랑하는 사람은 Paul이다.
   (aime / c'est / j' / Paul / que)

2. 이것은 내가 많이 좋아하는 케이크이다.
   (c'est / beaucoup / que / un / j' / gâteau / aime)

3. 이것은 Paul이 나에게 주는 선물이다.
   (un / Paul / donne / c'est / cadeau / me / que)

4. 그는 그녀가 좋아하지 않는 라디오를 듣는다.
   (la / qu' / n' / il / elle / écoute / radio / pas / aime)

4 해석을 참고하여 프랑스어로 작문해 보세요.

1. 너는 Jean을 사랑하니? (도치 의문문)

2. 아니. 내가 사랑하는 사람은 Paul이야.

3. 그는 그의 어머니가 만든 타르트를 맛보고 싶어 해.

4. 나는 그가 어제 산 타르트를 맛보고 싶다.

5 주어진 명사를 활용하여 문장을 만들어 보세요.

lettre [레트흐] n.f. 편지	macaron [마꺄홍] n.m. 마카롱

1. 그녀가 사랑하는 사람은 나이다.

2. 이것은 Julie가 그에게 주는 편지이다.

3. 그는 내가 방금 산 마카롱을 맛보고 싶다.

4. 이것은 내가 방금 산 목걸이이다.

정답

1 1. acheter 2. goûter

2 1. un collier 2. une tarte

3 1. C'est Paul que j'aime. 2. C'est un gâteau que j'aime beaucoup. 3. C'est un cadeau que Paul me donne.
4. Il écoute la radio qu'elle n'aime pas.

4 1. Aimes-tu Jean ? 2. Non. C'est Paul que j'aime. 3. Il veut goûter une tarte que sa mère a faite. 4. Je veux goûter
une tarte qu'il a achetée hier.

5 1. C'est moi qu'elle aime. 2. C'est une lettre que Julie lui donne. 3. Il veut goûter un macaron que je viens d'acheter.
4. C'est un collier que je viens d'acheter.

표현 더하기

▶ 오늘 배운 내용과 관련된 다양한 표현을 익혀 봐요!

이럴 수가!
Mon Dieu ! [몽 디외]

여러분, 영어의 oh my God이라는 표현을 모르시는 분은 없겠죠? 프랑스어로는 mon Dieu가 동일한 뜻을 나타내는데요. mon은 '나의'라는 의미의 소유 형용사 남성형이고 Dieu는 '신'이라는 의미의 남성 명사로, 직역하면 '나의 신이시여'라는 뜻입니다. 영어에서도 oh를 붙여서 oh my God이라고 하듯 프랑스어로도 oh mon Dieu라고 자주 말한답니다. '어머나, 세상에, 맙소사, 이럴 수가' 등 다양한 상황에서 여러 뜻으로 쓰일 수 있으니 잘 기억해 두세요.

♀클라라 선생님의 꿀팁

쇼핑 관련 단어들

프랑스는 세계적으로 인정받는 명품 브랜드들이 탄생한 나라이자 패션의 나라이기도 하죠. 그렇다면 프랑스에서는 쇼핑을 뭐라고 할까요? 쇼핑과 관련된 단어에는 어떤 것들이 있을까요? 이번에는 쇼핑과 연관된 다양한 용어와 표현을 알려드리겠습니다.

- shopping [쇼삥그] n.m. 쇼핑
- magasin [마갸장] n.m. 상점
- article [아흐띠끌르] n.m. 상품, 물건
- solde [쏠드] n.m. 세일
- prix [프히] n.m. 가격

- article en solde [아흐띠끌르 엉 쏠드] 세일 품목
- faire du shopping [페흐 뒤 쇼삥그] 쇼핑을 하다
- Ça coûte combien ? [싸 꿋뜨 꽁비앙]
  = Quel est le prix ? [껠레 르 프히] 이것은 얼마인가요?

문화 탐방 — 쇼핑객들을 위한 '라발레 빌리지'

쇼핑 문화

여러분, 파리 중심에서 동쪽으로 불과 40분 정도 떨어진 곳에 말만 들으면 모두 환호성을 지를 만한 명품 아웃렛이 있다는 이야기, 들어 보셨나요? 이번 시간에는 저렴한 가격으로 명품을 살 수 있는 프랑스의 쇼핑 명소! 라발레 빌리지(La Vallée Village)를 소개해 드리려고 합니다.

라발레 빌리지에는 유명 브랜드들을 포함하여 총 120가지가 넘는 브랜드가 입점해 있는데요. '마을'이라는 뜻의 village를 보면 알 수 있듯이 라발레 빌리지의 상점들은 아기자기한 집처럼 꾸며져서 프로방스의 작은 마을이 연상된답니다. 그래서 쇼핑백을 들고 마을을 거니는 콘셉트의 인생 사진도 남길 수 있는 곳이에요.

라발레 빌리지가 인기 있는 이유는 바로 일년 내내 세일을 하기 때문인데요. 특히 밸런타인데이와 같은 기념일이나 추수감사절 같은 특정 시즌에는 최대 70%까지 할인을 받을 수 있습니다. 그래서 패션에 관심이 많은 분들은 꼭 들러야 하는 필수 코스랍니다. 뿐만 아니라 이곳에서는 미술과 음식, 음악을 테마로 한 서머 페스티벌이 개최되어 거리 곳곳에서 프랑스의 유명 아티스트들이 라이브 퍼포먼스를 선보인 적도 있다고 하는데요. 해마다 새롭게 기획되는 이벤트를 통해 라발레 빌리지는 그저 단순한 아웃렛이 아닌 한 차원 더 높은 수준의 문화 공간으로서 자리매김하게 되었답니다.

아침 10시부터 저녁 7시까지 운영되는 라발레 빌리지는 셔틀버스나 프랑스 지하철 RER-A선을 이용하여 방문할 수 있습니다. 위치상 파리의 디즈니랜드와도 아주 가까우니 참고해 주세요.

Leçon

25

Un jour,
j'irai à Paris.

언젠가 나는 파리에 갈 것입니다.

ÉTAPE 01

지난 시간 떠올리기

▶ 지난 시간 학습했던 내용들을 떠올려 볼까요?

① 목적격 관계대명사 que

지난 시간에는 두 문장을 연결하면서 목적어를 대체하는 목적격 관계대명사 que에 대해 배웠습니다. 또한 1군에 해당하는 acheter, goûter 동사를 활용하여 다양한 표현들을 만들어 보았는데요. 3탄 마지막 강의를 시작하기 전에 지난 시간에 배웠던 표현들을 다시 한번 복습하고 넘어갈까요? 목적격 관계대명사 que 뒤에는 반드시 '주어+동사'가 온다는 점을 떠올리면서 함께 읽어 봅시다.

🗝 내가 사랑하는 사람은 Paul이다.	➡ C'est Paul que j'aime.
🗝 이것은 내가 많이 좋아하는 케이크이다.	➡ C'est un gâteau que j'aime beaucoup.
🗝 나는 그녀에게 방금 산 목걸이를 준다.	➡ Je lui donne un collier que je viens d'acheter.
🗝 그는 그의 어머니가 만든 타르트를 맛보고 싶다.	➡ Il veut goûter une tarte que sa mère a faite.

🔺오늘의 미션　학습이 끝나면 이 문장을 완벽하게 말할 수 있어요!

언젠가 나는 파리에 갈 거야.

🗝 숫자 74 soixante-quatorze [수아썽뜨 꺄또흐즈]

ÉTAPE 02 오늘의 학습

▶ 오늘 배울 내용들을 살펴보고, 머릿속에 차곡차곡 담아 볼까요?

1 단순 미래

<SOS 프랑스어 말하기 첫걸음> 3탄의 마지막 강입니다! 지금까지 현재, 현재 진행, 근접 과거, 복합 과거, 근접 미래와 같은 다양한 시제들과 여러 동사들을 통해 프랑스어 기본 베이스를 탄탄하게 다졌는데요. 드디어 대망의 마무리를 지을 시간입니다. 오늘은 미래의 일을 나타내는 시제인 단순 미래를 배워 보도록 해요.

aller 동사 뒤에 동사원형을 붙여 가까운 미래를 표현하는 근접 미래시제를 기억하시나요? 근접 미래는 가까운 미래에 일어날 일을 표현하고 앞으로 일어날 일이 뚜렷하고 확실할 경우에 사용합니다. 이와는 달리 단순 미래는 가깝지 않은 미래의 일이나 상대적으로 막연한 시점에 일어날 일을 설명하기 때문에 확실성이 다소 떨어진답니다. 그렇다면 단순 미래는 어떻게 만들까요? 바로 동사원형에 미래형 어미만 붙여 주면 됩니다. 함께 미래형 어미를 배워 볼까요?

> **단순 미래의 특징**
> - 미래의 일을 나타내는 시제, 근접 미래에 비해 확실성이 떨어짐
> - 기본 규칙: 어간(동사원형) + 미래형 어미(-ai, -as, -a, -ons, -ez, -ont)
> - 불규칙한 어간을 갖는 동사들: être, avoir, aller...

대부분의 동사들은 위의 규칙을 따라 동사원형에 미래형 어미만 붙여 단순 미래시제를 만들지만, être, avoir, aller 동사와 같이 미래시제에서 불규칙한 어간을 갖는 동사들도 존재하기 때문에 이러한 동사들은 따로 외워 주셔야 합니다.

1) 단순 미래 어미

Je	-ai	Nous	-ons
Tu	-as	Vous	-ez
Il / Elle	-a	Ils / Elles	-ont

 동사원형 뒤에 미래 어미만 붙여 주면 단순 미래 형태가 완성됩니다.

② 단순 미래시제 만들기

먼저 1군 동사 'parler(말하다)'를 활용하여 단순 미래시제 문장을 만들어 봅시다. 동사원형 뒤에 미래형 어미인 -ai, -as, -a, -ons, -ez, -ont를 붙여 주세요.

1) 말하다 parler

Je	parlerai	Nous	parlerons
Tu	parleras	Vous	parlerez
Il / Elle	parlera	Ils / Elles	parleront

Tip 단순 미래 어미가 동사원형 뒤에 붙으면서 parler의 e의 발음은 [에]에서 [으]로 바뀝니다.

✔ 나는 프랑스어를 말할 것이다. ➡ Je parlerai français.

✔ 너는 프랑스어를 말할 것이다. ➡ Tu parleras français.

✔ 그는 프랑스어를 말할 것이다. ➡ Il parlera français.

하루, 언젠가, 어느 날
un jour
[앙 쥬흐]

Tip 영어의 one day에 해당합니다.

✔ 언젠가 우리는 프랑스어를 잘 말할 것이다. ➡ Un jour, nous parlerons bien français.

✔ 언젠가 당신은 프랑스어를 잘 말할 것이다. ➡ Un jour, vous parlerez bien français.

✔ 언젠가 그들은 프랑스어를 잘 말할 것이다. ➡ Un jour, ils parleront bien français.

3 3군 동사 단순 미래시제

이번에는 단순 미래시제에서 불규칙 어간을 갖는 동사들을 다뤄 보겠습니다. 대표적인 3가지 동사들의 어간을 배워 볼까요?

1) 단순 미래 어간 (불규칙 어간)

être	avoir	aller
ser	aur	ir

2) 이다, 있다, 하다 être

가장 먼저 ser를 어간으로 갖는 être 동사의 단순 미래 형태를 만들어 봅시다. 어간 뒤에 미래형 어미를 붙이면서 연습해 볼까요?

Je	serai	Nous	serons
Tu	seras	Vous	serez
Il / Elle	sera	Ils / Elles	seront

3) ~ 후에: dans + 기간

☑ 1달 후에	→ dans un mois
☑ 2달 후에	→ dans deux mois
☑ 3달 후에	→ dans trois mois

> **Tip** '~달'이라는 표현은 '숫자+mois'의 형태로 만듭니다.

☑ 1년 후에	→ dans un an
☑ 2년 후에	→ dans deux ans
☑ 3년 후에	→ dans trois ans

🗝 나는 1달 후에 파리에 있을 것이다.	→	Je serai à Paris dans un mois.	

🗝 나는 1달 후에 파리에 있을 것이다. → Je serai à Paris dans un mois.

🗝 너는 2달 후에 서울에 있을 것이다. → Tu seras à Séoul dans deux mois.

🗝 그녀는 3달 후에 프랑스에 있을 것이다. → Elle sera en France dans trois mois.

🗝 우리는 1년 후에 치과 의사일 것이다. → Nous serons dentistes dans un an.

🗝 (남) 당신은 2년 후에 음악가일 것이다. → Vous serez musicien dans deux ans.

🗝 그녀들은 3년 후에 키가 클 것이다. → Elles seront grandes dans trois ans.

4) 가지다, 소유하다 avoir

다음으로, aur를 어간으로 갖는 avoir 동사의 단순 미래 형태를 만들어 봅시다. 또한, '내년'이라는 뜻의 단어를 문장에 활용하여 미래에 일어날 일을 이야기해 볼 텐데요. 문장 안에서 '내년에'라고 할 때에는 전치사 없이 문장의 끝에 'l'année prochaine'만 붙여 주면 된답니다.

J'	aurai	Nous	aurons
Tu	auras	Vous	aurez
Il / Elle	aura	Ils / Elles	auront

내년
l'année prochaine
[라네 프호쉔느]

✔ 나는 내년에 스무 살이 될 것이다. → J'aurai vingt ans l'année prochaine.

✔ 너는 내년에 서른 살이 될 것이다. → Tu auras trente ans l'année prochaine.

✔ 그는 내년에 자동차가 있을 것이다. → Il aura une voiture l'année prochaine.

Tip 2탄에서 배웠듯이 '~ 살이다'는 '~ 년을 가지고 있다'로 표현하므로 avoir 동사를 사용합니다.

5) 가다 aller

마지막으로 ir를 어간으로 갖는 aller 동사의 단순 미래 형태를 만들어 볼까요? 주어와 동사 사이의 모음 축약과 연음에 주의해 주세요.

J'	irai	Nous	irons
Tu	iras	Vous	irez
Il / Elle	ira	Ils / Elles	iront

✔ 언젠가 나는 파리에 갈 것이다. → Un jour, j'irai à Paris.

✔ 언젠가 그녀는 프랑스에 갈 것이다. → Un jour, elle ira en France.

✔ 우리는 내년에 캐나다에 갈 것이다. → Nous irons au Canada l'année prochaine.

✔ 당신은 2년 후에 미국에 갈 것이다. → Vous irez aux États-Unis dans deux ans.

03 대화로 말해 보기

▶ 오늘 배운 문장들을 활용하여 대화를 나눠 봐요!

A 너는 프랑스어를 잘 말하니? → Est-ce que tu parles bien français ?

B 아니, 하지만 나는 프랑스어를 → Non, mais je parlerai bien français.
잘 말할 거야.

왜냐하면 나는 프랑스를 좋아해. Parce que j'aime la France.

언젠가 나는 파리에 갈 거야. Un jour, j'irai à Paris.

A 너는 내년에 몇 살이니? → Quel âge as-tu l'année prochaine ?

B 나는 내년에 스무 살이 될 거야. → J'aurai vingt ans l'année
prochaine.

(남) 그리고 나는 음악가일 거야. Et je serai musicien.

⚑ 미션 확인 오늘의 핵심 문장을 완벽하게 외워 봅시다.

언젠가 나는 파리에 갈 거야.
→ Un jour, j'irai à Paris.

1 인칭별로 알맞은 단순 미래 어미를 빈칸에 써 보세요.

Je		Nous	
Tu		Vous	
Il / Elle		Ils / Elles	

2 불규칙 동사들의 단순 미래 어간을 써 보세요.

être	avoir	aller

3 밑줄에 들어갈 알맞은 전치사구를 써 보세요.

1. 1달 후에 _____

2. 3달 후에 _____

3. 1년 후에 _____

4. 2년 후에 _____

4 주어진 낱말들로 문장을 만드세요.

1. 언젠가 우리는 프랑스어를 잘 말할 것이다.
(français / parlerons / un / nous / bien / jour)

_____

2. 나는 3달 후에 프랑스에 있을 것이다.
(en / trois / France / serai / dans / mois / je)

_____

3. 당신은 2년 후에 자동차가 있을 것이다.
(une / vous / deux / voiture / aurez / ans / dans)

_____

⑤ **해석을 참고하여 프랑스어로 작문해 보세요.**

1. 너는 내년에 몇 살이니? (도치 의문문)

_____

2. 나는 내년에 스무 살이 될 거야.

_____

3. (남) 그리고 나는 음악가일 거야.

_____

⑥ **주어진 명사를 활용하여 문장을 만들어 보세요.**

portable [뽀흐따블르] n.m. 핸드폰 │ étude [에뛰드] n.f. 공부, 학업

1. 언젠가 우리는 프랑스에 살 것이다. (주어 Nous)

2. 너는 2년 후에 핸드폰이 있을 것이다.

3. 그들은 7년 후에 한국어를 공부할 것이다.

4. 그녀는 2년 후에 (그녀의) 학업을 끝낼 것이다.

정답

1 1. Je - ai, Tu - as, Il/Elle - a, Nous - ons, Vous - ez, Ils/Elles - ont

2 1. être - ser, avoir - aur, aller - ir

3 1. dans un mois 2. dans trois mois 3. dans un an 4. dans deux ans

4 1. Un jour, nous parlerons bien français. 2. Je serai en France dans trois mois. 3. Vous aurez une voiture dans deux ans.

5 1. Quel âge as-tu l'année prochaine ? 2. J'aurai vingt ans l'année prochaine. 3. Et je serai musicien.

6 1. Un jour, nous habiterons en France. 2. Tu auras un portable dans deux ans. 3. Ils étudieront le coréen dans sept ans. 4. Elle finira ses études dans deux ans.

ÉTAPE 05 표현 더하기

▶ 오늘 배운 내용과 관련된 다양한 표현을 익혀 봐요!

다 잘될 거야!
Tout ira bien ! [뚜띠하 비앙]

tout는 '모든 것'을 의미하는 부정 대명사, ira는 aller 동사의 단순 미래 3인칭 단수 형태, bien은 '잘'이라는 뜻을 지니므로 tout ira bien을 직역하면 '모든 것이 잘 갈 것이다' 즉, '모든 것이 잘될 것이다'라는 희망적인 표현이 된답니다. <SOS 프랑스어 말하기 첫걸음>의 마지막 3탄을 마무리하면서 여러분께 꼭 해 드리고 싶은 말씀이었어요. 여러분이 어디서 무엇을 하든지 늘 만사형통하시기를 저 Clara가 응원하겠습니다. Tout ira bien !

❗ 클라라 선생님의 꿀팁

faire 동사의 단순 미래 형태

이번 강에서는 단순 미래시제에 대해 알아보았는데요. 3군 불규칙 동사인 'faire(하다)' 또한 불규칙한 어미를 갖는 동사랍니다. 일상에서 자주 쓰이는 동사인 만큼, 단순 미래 형태도 필수적으로 알고 가면 좋겠죠? faire 동사는 단순 미래시제에서 어간을 fer로 갖는데요. 이때 fer의 e는 [에]가 아닌 [으]로 발음된답니다. 뒤에 미래형 어미를 붙여서 형태를 완성해 볼까요?

Je	ferai	Nous	ferons
Tu	feras	Vous	ferez
Il/Elle	fera	Ils/Elles	feront

France

문화 탐방

자유로운 예술가들의 언덕 '몽마르트'

지역 탐방

프랑스 파리 북부 18구에 위치한 몽마르트 언덕은 대체로 평평한 지형의 파리에서 유일하게 130m 높이로 솟은 자연 지형을 자랑하는 곳입니다. 파리 어느 곳에서든 몽마르트 언덕을 올려다보면, 로마네스크 비잔틴 양식의 돔을 자랑하는 사크레쾨르 대성당 (Basilique du Sacré-Cœur de Montmartre)이 가장 먼저 눈을 사로잡는데요. 19세기 프로이센과의 전쟁에서 패배한 후, 가톨릭 교도의 사기를 북돋기 위해 건설된 이 웅장한 장소 앞에는 파리를 한눈에 담을 수 있는 넓은 공원 겸 광장이 펼쳐져 있답니다.

몽마르트(Montmartre)라는 명칭은 어디에서 유래된 것일까요? 몽마르트는 '언덕'을 의미하는 명사 mont와 '순교자'를 뜻하는 martyrs를 합쳐서 만든 고유명사로 '순교자의 언덕'을 뜻하는데요. 여러 가톨릭 교도들의 순교 장소였던 이곳은 관광객을 비롯하여 가톨릭 신도들의 발길이 끊이지 않는 곳이랍니다. 이렇듯 몽마르트 언덕은 종교적으로 큰 의미를 갖는 장소이기도 하지만, 언덕 곳곳에서 퍼포먼스를 하는 예술가들을 만날 수 있기 때문에 예술적으로도 중요한 의미를 갖습니다. 계단에서 연주를 하며 노래를 부르는 거리의 음악가들, 이젤을 세워 두고 풍경이나 사람들을 그리는 거리의 화가들을 아주 쉽게 발견할 수 있죠. 실제로 몽마르트 언덕은 19세기 후반부터 시대를 주름잡던 예술가들의 아지트였답니다.

몽마르트 언덕은 구불구불한 골목길과 언덕으로 쭉 뻗은 계단을 통해 오를 수도 있고, 케이블카를 타고 쉽게 오를 수도 있습니다. 언덕을 오르는 내내 마주칠 수 있는 아기자기한 상점들과 테라스 카페를 구경할 수 있는 기회를 놓치기엔 너무 아쉬우니, 날씨 좋은 날 여유롭게 운동화를 신고 몽마르트 언덕을 올라가 보는 건 어떨까요?